# MARCOS BAKER

# Centrado en JESÚS

Teología Contextual

Copyright © 2017 by Mark D. Baker.

### Centrado en Jesús
Teología Contextual
*de Marcos Baker. 2017, JUANUNO1 Ediciones.*

All Rights Reserved. | Todos los Derechos Reservados.
Published in the United State by JUANUNO1 Ediciones,
an imprint of the JuanUno1 Publishing House LLC. Hialeah, FL, 2019.
Publicado en los Estados Unidos por JUANUNO1 Ediciones,
un sello editorial de JuanUno1 Publishing House LLC. Hialeah, FL, 2019.
www.juanuno1.com

JUANUNO1 EDICIONES, logos and its open books colophon, are registered trademarks of JuanUno1 Publishing House LLC. | JUANUNO1 EDICIONES, los logotipos y las terminaciones de los libros, son marcas registradas de JuanUno1 Publishing House LLC.

REL067040 RELIGION / Christian Theology / Christology
REL006220 RELIGION / Biblical Studies / New Testament / General
REL067000 RELIGION / Christian Theology / General

Paperback ISBN 978-1-951539-04-7
Ebook ISBN 978-1-951539-05-4

Traducción: proporcionada por Mark D. Baker
Editores Colaboradores: Mariela Benitez y Juan Sack
Diagramación interior: ZONA21.net
Diseño y diagramación de Portada: ZONA21.net
Director de Publicaciones JUANUNO1 Ediciones: Hernán Dalbes

Este libro fue publicado originalmente por Ediciones Shalom, en Perú.
En 2017 adquiere los derechos JUANUNO1 Ediciones,
quienes realizan una nueva edición sobre el texto,
y lo publican el 1° de Noviembre de 2017 en Buenos Aires, Argentina.
En 2019 JUANUNO1 Ediciones pasa a formar parte de los sellos editoriales de JuanUno1 Publishing House LLC, y publican esta Primera Edición en los Estados Unidos.

Firts Edition | Primera Edición
Hialeah, FL. USA. 2019.

*Dedico este libro a dos amigos*
*Santos César Cárcamo y*
*Roberto Brenneman*
*Con gratitud por nuestra amistad y ricas conversaciones sobre temas de este libro y muchas otras cosas.*
*Lamento que por su muerte la conversación con Santos no seguirá hasta nuestra ancianidad como imaginábamos.*

# Nota del Editor

*Centrado en Jesús* llega a nuestras manos de una manera muy especial. Es un libro al que tenemos acceso, Dios primero, en el momento justo, en pleno proceso de la conformación de un instituto de formación sobre temas bíblicos, teológicos, pastorales y docentes, y con un fuerte carácter interdenominacional. La posibilidad que nos brinda de reflexionar acerca de nuestras prácticas, sobre nuestras hermenéuticas, así como el rol de las minorías proféticas que están en constate lectura y relectura de la Palabra, desafiante e iconoclasta de nuestras propias sacralidades; se suma a las celebraciones del 5to. Centenario de la Reforma Protestante.

Es un libro de recopilaciones de ensayos, y cada uno de ellos le da un sentido coherente y lo constituye en un gran libro; de esos que no dudaría un segundo en llevar de regalo. Porque si bien es un libro intimista al momento de ponernos a reflexionar, está invadido de un espíritu reformador. Es de esos libros que uno no puede dejarlo mezquinamente para uno, sino que por el contrario, invita a tener *cómplices de lectura*

Este es el primer libro de JUANUNO1 Ediciones, por tanto hay agradecimientos para realizar. A Juan Sack, quien colaboró con las correcciones, mientras va pensando talleres para realizar a partir de su lectura. A Gustavo Delgadillo, de Ediciones Shalom, que estuvo apoyando esta iniciativa desde el principio sin ningún tipo de interés personal.

Y claro, a Marcos Baker, que no para de sorprendernos en este camino común, donde su generosidad y compañerismo nos enorgullece y anima a continuar por esta senda. Gracias al Abba Padre por estos hermanos, ya que sin ellos nada de esto estaría siendo leído.

*Hernán Dalbes, Noviembre 2017.*

# Contenido

Prólogo .................................................................... 9

1 – Introducción: raíces e hilos ................................. 13

2 – El concepto de Dios
en América Latina ...................................................... 23

3 – Una relectura de Gálatas ..................................... 47

4 – Iglesias delimitadas e iglesias
centradas en Jesús ..................................................... 69

5 – Jesús libera de vergüenza e
integra una mujer a la comunidad,
Marcos 5:21-34 ........................................................... 81

6 – Jesús acepta, perdona y honra
a una mujer excluida: amor costoso,
Lucas 7:36-50 ............................................................. 87

7 – Dos narrativas fundamentales
de la cruz .................................................................... 95

8 – Salvación por la cruz en un barrio
Hondureño ................................................................115

9 – Diez facetas de la salvación por la
cruz y la resurrección ............................................... 155

10 – ¿Dios de ira o Dios de amor?
Parte 1: El patetismo de Dios y el
patetismo de los profetas ......................................... 175

11 – ¿Dios de ira o Dios de amor?
Parte 2: El "sí" y el "no" de Dios ............................. 195

# Prólogo

Los recuerdos de la primera vez que escuché a Marcos Baker aún están frescos en mi mente. Como estudiante me aproximé a su clase de una semana de Teología Fundamental en Bogotá en 2002 con la expectativa de ampliar lo que ya sabía. Después de toda una vida de iglesia, estudios en institutos teológicos, cinco años de una Licenciatura en Teología, y algunos años de experiencia pastoral, ¿qué podría encontrar de nuevo en un profesor norteamericano?

Lo que no preveía en aquel entonces era la forma en que mi vida y ministerio cambiaría por aquel encuentro con Marcos. Una semana de clases fue suficiente para abrir mi pensamiento y práctica pastoral a una nueva forma de entender la teología y sus implicaciones para mi contexto latinoamericano. ¿Qué era lo que éste nuevo profesor tenía para generar semejante impacto? Ciertamente no se trataba de doctrinas completamente nuevas o revelaciones desconocidas por otros teólogos. Sus textos de clase y libros de consulta eran textos de reconocidos pensadores cristianos que, a lo largo de la historia de la iglesia, impactaron nuestra fe tanto por sus enseñanzas como por sus vidas. ¿Cómo era posible entonces encontrar tanta riqueza e ideas tan desafiantes? ¿Por qué sentía en aquel entonces que los fundamentos mismos de mi edificio teológico necesitaban ser reevaluados y reestructurados?

Lo que hacía de Marcos un profesor con semejante impacto era la forma en la cual contextualizaba la teología. Lamentablemente mucho de lo que se enseña en algunos seminarios de América Latina tiene que ver con teología del hemisferio norte simplemente traducida al español. Teología que si bien pudo ser relevante en otro tiempo y realidad social, no habla a muchos aspectos de la realidad de nuestros contextos latinoamericanos hoy.

Desde luego Marcos no es el único teólogo que en Latinoamérica hace teología contextual. Sin embargo es su uso de la Teología de la Cruz, de teólogos como Lutero, Ellul, Barth y otros – en y para el contexto latino – lo que hace de Marcos un teólogo tan relevante para nuestro contexto. Aspectos tan fundamentales de la teología como nuestro concepto de Dios y nuestro entendimiento de la obra de Cristo en la cruz dejan de ser verdades proposicionales que deben ser memorizadas y aceptadas en forma intelectual para encontrar ahora profundas implicaciones eclesiológicas y pastorales.

En diálogo con la Escritura Marcos señala importantes falencias que los acercamientos teológicos tradicionales evidencian en el contexto latinoamericano. En circunstancias de opresión, sufrimiento, violencia e inequidad social, importantes aspectos culturales que deberían ser transformados por el evangelio han quedado intactos. La vida de la iglesia ha quedado circunscrita, en no pocos lugares, al cumplimiento de normas y a la creación de barreras que, en lugar de facilitar comunidades de amor y reconciliación, separan trayendo como resultado división y alienación.

La experiencia de Marcos en Latinoamérica se entreteje con su enfoque cristocéntrico en forma tal que la Verdad del evangelio se abre ante nuestros ojos latinos trayendo libertad y nuevas posibilidades de vida eclesial. Su tratamiento del problema del dolor, de cómo un Dios de amor permite el sufrimiento humano (teodicea) nos revela a un Dios desconocido para muchos latinos: Un Dios que ama, entiende y sufre con nosotros; un Dios que no responde a nuestro dolor con palabras vacías, pero con compasión e identificación; un Dios que en últimas se parece más al que nos reveló Jesús que al que lamentablemente muchas iglesias predican.

Durante mis años de vida cristiana he encontrado dos tipos de teólogos. El primero es aquel que mantiene una actitud de "estar en el camino", más que una de "ya he llegado". Con lo anterior me refiero a aquellos teólogos que, habiendo conocido a Jesús, a pesar de los años y entrenamiento teológico, mantienen una actitud de aprendizaje constante, de búsqueda de renovación y transformación. Ellos encuentran en Dios un crecimiento permanente y enriquecedor del que no se arrepienten. El segundo tipo de teólogos tiene que ver con aquellos que, después de escuchar, se limitan a mantener y repetir los métodos o enseñanzas de sus maestros sin dar lugar a nuevo crecimiento. Han quedado atrapados en un tiempo y lugar teológico que poco habla a nuestro contexto. Este segundo tipo de teólogos está compuesto por aquellos que ya tienen todas las respuestas y que por lo tanto no aprecian el surgimiento de nuevas preguntas. Marcos Baker encuentra más eco en el primer grupo. Es para ese tipo de creyentes que este libro será de especial desafío así como de agrado.

Gracias a Marcos por reunir muchas de sus enseñanzas en este texto. Gracias por hacer posible que líderes en nuestras iglesias de habla hispana puedan continuar en el Camino de conocer a Dios y vivir dicha experiencia de la mano de otros en la comunidad de fe. Gracias por traer a Latinoamérica una teología bíblica, cristocéntrica y profundamente relevante.

*César García*
*Secretario General*
*Congreso Mundial Menonita*

*Bogotá, Adviento 2012.*

# 1
# Introducción: raíces e hilos

En agosto de 1979 fui a Honduras para enseñar en un colegio evangélico bilingüe. Fui con el deseo de ser un instrumento de Dios en la transformación de las vidas de otros. Creo que sí, Dios me usó. Lo que es cierto es que vivir en Honduras causó un gran impacto en mi vida, que Dios usó para transformarme.

Encontré pobreza extrema. La vi por todos lados, en las calles y los cerros de Tegucigalpa. También la vi de cerca. La familia que vivía al lado tenía una casita sencilla construida con pedazos de madera y metal. No tenían agua ni luz. Una familia al otro lado de la calle, sin asfaltar, frecuentemente les faltaba comida y sus niños no solo venían a nuestra casa buscando comida, sino también pedían ayuda para comprar sus útiles y uniformes para la escuela. También al vivir en América Central en esos años fui testigo de una situación de violencia, revolución, guerra, opresión y desaparecidos. Vi concretamente la falta de justicia social en varias maneras. También visité zonas de guerra y hablé con personas que habían perdido a sus seres queridos en masacres. Leía mi Biblia con nuevos ojos y puse énfasis en textos que hablan sobre la pobreza y la justicia. También por primera vez encontré cristianos que hablaban de esos temas. Comprendí que yo tenía un cristianismo demasiado individualista y espiritualista. En el colegio donde enseñaba y evangelizaba, con el tiempo, empecé a hablar más y más de la justicia y de ayudar a los pobres y, en lo que podía, trataba de poner en acción mis pensamientos. Era mi pasión.

Después de cuatro años al regresar a los Estados Unidos era una persona cambiada, pero también una persona con muchas preguntas. ¿Por qué Dios estaba permitiendo que la violencia y el sufrimiento continuaran? ¿Por qué los cristianos evangélicos no estaban haciendo más para combatir las raíces de la pobreza en América Central? Tenía preguntas y también estaba cansado. Había pensado mucho sobre cuál era el estilo de vida apropiado para un cristiano en medio de tanta pobreza. Traté de vivir sencillamente, donaba y regalaba mucho pero no sentía que había hecho lo suficiente. Tenía una mejor teología, más integral, pero los problemas y las guerras seguían. Mi país estaba en medio de todo. Mis esfuerzos no eran suficientes; me sentí agobiado, confundido. Sentí algo de culpa por las acciones de mi país y por no poder hacer todo lo que deseaba, pero a la vez me sentí "superior" muchos cristianos que no compartían mis puntos de vista y mis acciones en favor de los pobres.

Asistí a un semestre de estudios interdisciplinarios en el estado de Oregon donde conocí a mi esposa Lynn. Los profesores compartieron mis perspectivas sobre la justicia y la política de los Estados Unidos, pero también me confrontaron y me ayudaron a ver cómo trataba de justificarme a mí mismo. Me di cuenta de que había empleado la perspectiva "ampliada" de mi fe de la misma manera en que lo había hecho antes con el legalismo en el cual había nacido: establecía líneas divisorias entre otros y yo. Al compararme con los demás, pensaba que estaba en lo cierto porque mi cristianismo ahora incluía la preocupación por los pobres, un compromiso con la justicia social y un estilo de vida sencillo. Así como antes menospreciaba a quienes bailaban o tomaban, ahora menospreciaba a aquellos que no compartían mi nueva perspectiva.

Al mismo tiempo que juzgaba a otros con un sentido de superioridad moral, sentía que algunos evangélicos me menospreciaban por cosas que yo no hacía o creía. Por ejemplo, aunque en la década de los años 80 la posición que yo había asumido en cuanto a la política de los Estados Unidos en América Central hacía que algunos cristianos me consideraran "un buen cristiano", otros me criticaban. En Honduras, mientras algunos aprobaban mis esfuerzos en favor de la justicia por los oprimidos, otros me trataban como si fuera un hereje. A veces me sentía cansado de esforzarme por mantenerme en el buen lado de las líneas divisorias que yo mismo había trazado. Cuando leía algo nuevo, o escuchaba un sermón distinto, a menudo añadía algo a la lista de las cosas a las que el "verdadero cristiano" debe dedicar tiempo y dinero. Intentaba equilibrar y llevar esta pesada carga, pero al final se me hacía imposible y tenía que inventar alguna racionalización que me permitiera considerarme todavía un "buen cristiano", con la esperanza de que otros en la comunidad también me vieran así. Las líneas divisorias que trazaba causaban daño en mis relaciones con mis semejantes y me hacían mal a mí mismo.

Aunque a lo largo de los años mis perspectivas de lo que significa ser cristiano cambiaban, mi deseo de estar en lo cierto, mi "furia por lograr lo bueno" permanecía constante. Había demolido una casa y construido otra que parecía distinta, sin darme cuenta de que los cimientos eran los mismos. Estos cimientos hacían que me erigiera en juez, presto a trazar líneas divisorias que me impedían experimentar una genuina comunión cristiana en cualquiera de los dos lados.

Afortunadamente los profesores no solo me confrontaron con mi fariseísmo. También en nuestras conversaciones sobre la Biblia y libros de autores como Will Campbell, Jacques Ellul y Karl Barth hablaban continuamente de la gracia de Dios, la cual experimenté de manera más profunda en ese tiempo. Empecé a borrar las líneas de división y a tener más gracia para mí y los demás.

Me quedé en los Estados Unidos unos años trabajando con mi esposa en un ministerio con universitarios (InterVarsity Christian Fellowship) en Syracuse Nueva York. Todos los años fuimos a Honduras por dos meses. En 1987 fuimos a estudiar en un seminario cerca de San Francisco, California. Regresamos varias veces a Oregon para conversar con los profesores con quien estudiamos antes. Una conversación con Douglas Frank está marcada indeleblemente en mi mente. Me comentó que pensaba que él estaba equivocado sobre la gracia. Inmediatamente sentí una gran confusión e inseguridad. La gracia era un tema tan central e importante en mi vida y ministerio. Pensaba: no puede ser. Pero su próxima oración calmó mis nervios y me despertó una gran curiosidad y expectativas de algo aún mejor. Él dijo: *no es la gracia quien nos salva sino Jesús. Pienso que hemos hecho bien en hablar de la gracia de Dios pero aún más importante es ayudar a las personas a experimentar al Dios de gracia.* Douglas nos invitó a leer a Lutero y practicar su teología de la cruz, enfocándonos en Jesús y dejándole formar nuestro concepto de Dios. Esa conversación me lanzó en un peregrinaje de centrarme en Jesús y tratar de usar a Jesús como el lente que informa y enfoca mi teología y práctica de la vida cristiana. Llegué a tener una relación más profunda con el Dios de gracia revelado en Cristo Jesús, y encontré mayor libertad de vergüenza y culpa, más paz, y la habilidad de ser más honesto y transparente, y así tener relaciones más auténticas con personas a mí alrededor.

En 1989 regresamos a vivir en Honduras de nuevo, ahora con una hija, Julia, de unos meses. Nuestra segunda hija, Christie, nació en Honduras en 1991. Mi nuevo enfoque en Jesús me hizo más sensible al concepto de Dios que tenían las personas y cómo, para muchos, era un gran contraste con el Dios revelado por Jesús. Reflexionaba sobre las preguntas ¿Cómo es que tantas personas piensan en Dios como alguien lejano, enojado y acusador? ¿Cuáles son las raíces de ese concepto? ¿Cómo podemos ayudarles a cambiar ese concepto? El próximo capítulo en este libro es producto de esas preguntas. Continuaba dando estudios bíblicos sobre la justicia, y estaba activamente involucrado en ayudar a los pobres. Sin embargo reflexionaba mucho más que antes en la relación de las personas con Dios. Comprendí que aunque mejorásemos su situación económica, si esa persona seguía viviendo avergonzada y con temor a un Dios enojado y acusador, todavía sufría y necesitaba ayuda. Ahora tenía pasión no sólo por la justicia y el ayudar a los pobres, sino también en ayudar a las personas a experimentar el amor de Dios revelado en Jesucristo. Mi libro, ¿Dios de ira o Dios Amor? es fruto de mis conversaciones con personas y estudios bíblicos que daba en esos años.[1]

Como explico en el próximo capítulo, varios factores culturales e históricos contribuyen al concepto distorsionado de Dios que tienen muchas personas. También comprendí que algunas de mis propias creencias y prácticas eran parte del problema. Vi que la manera en que yo explicaba como la cruz proveía la salvación podía reforzar la imagen de un Dios enfocado en castigar. De esa observación nacieron varias preguntas como: ¿Es correcto mi entendimiento de la cruz? ¿Hay alternativas? ¿Si hay, cuál es mejor, o cuáles? Esas preguntas me llevaron a mucha investigación y reflexión. Y después me lanzaron a tratar de comunicar la salvación por la cruz en maneras diferentes y contextuales. Los capítulos 7, 8 y 9 de este libro son producto de esa investigación y proclamación.[2]

Había conocido Menonitas la primera vez que viví en Honduras, y en los siguientes años leí a autores menonitas y anabautistas como Will Campbell, Juan Driver, Vernard Eller y John H. Yoder. Comprendí que aún con todo mi discurso sobre la justicia tenía una mentalidad muy individualista. El énfasis **en la comunidad** alternativa cristiana de los anabautistas nos

[1] Marcos Baker, ¿Dios de ira o Dios de amor?: Cómo superar la inseguridad y ser libres para servir, 2ª ed., Ediciones Kairós, Argentina, 2007.
[2] Otros dos libros que escribí son fruto de esa observación y preguntas sobre la cruz: Mark D. Baker and Joel B. Green, *Recovering the Scandal of the Cross: Atonement in New Testament and Contemporary Contexts*, IVP Academic, Downers Grove, III, 2000, 2ª ed. 2011.; Mark D. Baker, ed., *Proclaiming the Scandal of the Cross: Contemporary Images of the Atonement*, Grand Rapids, MI, 2007.

atrajo a mi esposa y a mí. También la lectura de los anabautistas reforzó el cristocentrismo que estuvimos aprendiendo de Douglas Frank y Lutero. Viviendo en Honduras de 1989 a 1992, aunque no asistíamos a una iglesia anabautista, decíamos a las personas que "pensamos como anabautistas". Al fin reconocimos que, por el énfasis comunitario de los anabautistas, no era tan apropiado o posible decir "pienso como anabautista", sin participar en una comunidad anabautista. Por ello cuando fuimos a Carolina del Norte en 1992, para mis estudios doctorales en teología en Duke University, nos hicimos miembros en una iglesia menonita.

Como escribí al principio de este capítulo, Dios usó mi experiencia para transformarme. Eso no paró en 1983, durante los años de 1989 a 1992 y de 1996 a 1998, Dios seguía usando mis experiencias en Honduras y con los hondureños, para seguir transformándome. No solo Honduras, sino también otros países en América Latina que he visitado han dejado su influencia en mi vida: México, El Salvador, Guatemala, Costa Rica, Panamá, República Dominicana, Colombia, Perú, Paraguay, Argentina y Chile. Y el crecimiento y la transformación siguen hasta hoy, por mis visitas anuales a países del sur, y por mi interacción con muchos latinos acá en California donde vivo ahora. En el corto recorrido de esas décadas de mi vida no puedo cubrir todos los temas de reflexión y crecimiento, pero quiero mencionar uno más.

Por toda la década de los 80 continuaba dando estudios bíblicos sobre la importancia de trabajar por la justicia para todos y de ayudar a los pobres. Hablaba mucho sobre el Reino de Dios y usé otras estrategias para tratar de convencer a los cristianos de que los temas sobre justicia y acción social eran algo céntrico, integral al evangelio. Sin embargo sentía que muchos veían lo de ayudar a los pobres y trabajar por la justicia como actividades opcionales, aún después de que yo había hablado tanto sobre la justicia en la Biblia y dado estudios bíblicos sobre Lucas 4, Isaías 58, Amós, etc. ¿Por qué? me preguntaba. ¿Cómo es que en un contexto de tanta pobreza muchas iglesias expresan indiferencia o aún hostilidad a un evangelio más integral? Leyendo una ponencia sobre Pablo y su carta a los Gálatas, dada por Richard Hays en México, pensé en una posible respuesta. En esta, Hays argumentó que hemos leído a Pablo en una forma demasiado individualista y espiritualista, y propuso una lectura que reconocía la preocupación de Pablo no solo por los individuos sino por la comunidad cristiana también.[3] Para muchos evangélicos los escritos de Pablo son el canon entre el canon de las Escrituras, formando así su conceptualización del evangelio. Mi pensamiento era que si leemos a Pablo de una forma menos individualista y espiritualista, tal vez otros pasajes bíblicos, como Isaías 58 y Lucas 4, conceptos como la justicia, serían vistos más céntricos e integrales al evangelio. Era una buena observación. El problema era que yo mismo leía a Pablo en forma individualista y espiritualista. Afortunadamente tuve la oportunidad de estudiar a Pablo, y específicamente Gálatas, con Richard Hays en Duke University; y después pude trabajar con los hermanos y hermanas de la Iglesia Amor, Fe y Vida en contextualizar la carta de Pablo en un barrio hondureño. El tercer capítulo de este libro es fruto de esa conversación con Pablo, Hays y Amor, Fe y Vida.

Uso la metáfora "raíces" en el título porque los capítulos que siguen en este libro están enraizados en experiencias contadas en este capítulo. También la uso por que las raíces necesitan tierra. América Latina en general, y Honduras específicamente, es la tierra de esas raíces. Imaginando la relación entre las raíces y los capítulos, podría llevar al lector a verlos de una forma demasiado singular y aislada: una raíz para cierto capítulo otra raíz para otro. Aunque es cierto que puedo señalar específicamente de donde nace la mayoría de los capítulos no siempre es tan sencillo. La raíz de uno también influye a otro; unos tienen más que una raíz; a veces un capítulo es la raíz de otro. Otra debilidad con esta metáfora es que pone más énfasis en dónde nació que en cómo se desarrolló. <u>La verdad es que</u> los capítulos están entretejidos. Se entretejen en

[3] Richard B. Hays, "Jesus' Faith and Ours: A Rereading of Galatians 3," en *Conflict and Context: Hermeneutics in the Americas* eds. Mark Lau Branson y C. René Padilla, Eerdmans, Grand Rapids, 1986, pp. 257-280. El libro contiene las ponencias y la discusión sobre ellos de una conferencia en Tlayacapan, México, (24-29 de noviembre, 1983). La conferencia fue auspiciada por la Fraternidad Teológica Latinoamericana y la Theological Students Fellowship de los Estados Unidos de América.

cómo nacieron, pero especialmente en cómo se desarrollaron. Por eso también uso la metáfora de "hilo". Lo que he descrito en esta introducción son hilos que van entretejiendo cada capítulo. Los hilos principales son:

- La preocupación por la justicia y un deseo de promover un evangelio más integral.
- La tesis que argumenta que una lectura menos individualista y espiritualista de Pablo facilitaría un evangelio más integral.
- El reconocimiento de que muchos tienen un concepto distorsionado de Dios.
- El reconocimiento de que una explicación de uso común y costumbrista de la cruz contribuye a dicha distorsión.
- La convicción de que "gracia" y "libertad" no solo deben ser palabras que usamos, ya que nuestras iglesias pueden ser caracterizadas por la gracia, como comunidades libres de líneas divisorias.
- La convicción de que, como individuos y comunidades, el centrarnos en Jesús es la mejor respuesta a los desafíos y problemas mencionados.

En el tejido de algunos capítulos, varios de los hilos son obvios a la vista. Pero aun cuando no está mencionado explícitamente, están presentes casi todos los hilos en la mayoría de los capítulos. Por ejemplo, los capítulos sobre la cruz se enfocan más en la relación entre la cruz y el concepto de Dios de la persona, y en su experiencia de vergüenza y exclusión por líneas divisorias. Sin embargo el hilo de promover un evangelio más integral está muy presente. Al ampliar nuestra explicación de la cruz y de fundarla en la vida de Jesús, facilita comprender la relación entre la cruz, la salvación, el Reino de Dios y el llamado a vivir como discípulos de Jesús. Invito al lector a buscar hilos

# Introducción: raíces e hilos

escondidos en el tejido de otros capítulos.

Hilos y tejido son una metáfora. Si fuese un tejido uno podría mirarlo todo junto a la vez. Es un libro y tenemos que ir capítulo por capítulo, tejiendo la relación en nuestras mentes. Como la conexión entre los capítulos no solo es lineal, hay varias maneras de organizarlos. Aquí dejo una breve explicación del orden que escogí. "Raíces e hilos" funciona como el primero de los capítulos de este libro. El segundo se vuelve fundamental, ya que en el presento observaciones sobre conceptos comunes de Dios. En el capítulo tres miramos Gálatas y exploramos otro problema, las comunidades legalistas. Pero también encontramos varios hilos que son parte de las respuestas a los problemas presentados en el dos. En el cuarto ampliamos temas que encontramos en Gálatas, y hacemos explícito el tema central del libro: centrado en Jesús. Los capítulos cinco y seis son muy importantes en el tejido del libro, ya que se enfocan concretamente en la vida de Jesús. Hasta aquí venimos hablando de la importancia de Jesús, y en los capítulos cuatro y cinco miramos quién era Jesús, y entonces algo de lo que significaría estar centrado en Él. Los siguientes tres se enfocan en cómo la cruz y la resurrección proveen la salvación. Se hace énfasis en la vida de Jesús en los capítulos seis y siete, y varios hilos del libro están presentes en estos capítulos. Los últimos dos exploran el tema de la ira y el juicio de Dios en relación a los temas presentados anteriormente en el libro.

Soy el autor del libro, pero Gustavo Delgadillo concibió la idea de publicar estos escritos como un libro. Sin Gustavo y Ediciones Shalom, de Lima-Perú, no hubiera sido un libro. Doy gracias por su visión y todo su trabajo promoviendo esta literatura. Caminamos juntos. Gracias a César García por también animarme a realizar este proyecto, y por escribir el prólogo. Algunos de los capítulos son nuevos, escritos para este libro. Otros fueron escritos en diversos años, unos ya publicados, otros no. Entonces, muchas personas han contribuido a este libro, al leer un capítulo u otro, y compartir sus pensamientos. Otras personas participaron en estudios bíblicos, clases y conferencias donde presentaba ideas que más tarde tomaron forma escrita. Gracias a todas esas personas, que son más de las que puedo nombrar acá. Sí quiero mencionar a algunas que me ayudaron a traducir partes del inglés, o que me ayudaron a corregir el español, de algo entendible, pero con varios errores, en algo mucho más agradable para ustedes los lectores. Ellos son Emma Matute y David García de Honduras, Martín Eitzen y Rafael Zaracho de Paraguay, César García de Colombia, Jason Winton de los Estados Unidos, Gustavo Delgadillo y Mariela Meneses de Perú. Un hilo que ha sido constante en todo lo que está escrito en este libro es mi esposa Lynn, amiga y compañera de conversación y en la misión. Sus ideas y su apoyo están presentes en cada capítulo. Como dicen, no hay palabras suficientes para expresar todas las maneras como ella ha contribuido a este libro. Gracias por su amor y apoyo.

**Una nota sobre la versión publicada por JUANUNO1 Ediciones.**

Es un honor para mí que en *JUANUNO1 Ediciones* piensen que el contenido de este libro merece ser publicado también en otro país. Más que el honor, aprecio que por esa acción más lectores en otros lugares van a poder leer el libro. Entonces agrego a la lista anterior el nombre de Hernán Dalbes. Agradezco su iniciativa, y nuestra nueva y creciente cooperación en la misión de Dios. El contenido del libro es el mismo de la versión publicado por Ediciones Shalom, con una pequeña pero importante diferencia. Aunque los problemas de la exclusión religiosa y el legalismo siguen, hay a la vez un problema en crecimiento con el relativismo moral. Entonces he añadido varias líneas, sobre esa realidad, en el capítulo cuatro. Oro para que a través de esta nueva versión, el Espíritu use este libro ayudando a las personas en ser más centradas en Jesús.

*Marcos Baker, Noviembre 2017.*

# 2

# El concepto de Dios en América Latina[1]

Muchos de los buses y camiones que veo en Tegucigalpa, Honduras, tienen frases religiosas pintadas en sus vidrios o en sus carrocerías que dicen: "El Señor es mi pastor", "Dios me guía" o "Jesús es el Señor". Tal vez la frase más común es: "Dios es amor". La pregunta ante esto es: ¿Pintan los conductores estas frases en sus vehículos como una proclamación de convicción; o los rótulos, los crucifijos pegados en el tablero, y las calcomanías de Jesús y María son formas usadas para garantizar una bendición perpetua? ¿Son una forma de tratar bien a Dios con la esperanza de que Dios en su voluntad guardará el vehículo en las calles congestionadas de la ciudad y en las peligrosas curvas en las montañas?

La frase "Dios es amor" también se oye habitualmente en coros provenientes de iglesias en América Latina. ¿Concuerdan las palabras con lo que las personas sienten? Stan Slade ha presenciado muchas reuniones de iglesias en América Central. Él observa que "Dios es confesado como bueno, pero experimentado

[1] La versión original fue publicada en el *Boletín Teológico: Revista de la Fraternidad Teológica Latinoamericana*, Año 28, # 61, 1996: 39-55.

como lejano, estricto y, aunque nadie se atreve a decirlo, injusto".[2]

Mi interacción con los hondureños me ha llevado a una conclusión similar. La mayoría percibe a Dios como una figura acusadora que los castiga si son malos y que puede recompensarlos si son buenos. Muchos creen que Dios es amor, pero en el fondo de su corazón ellos, al igual que otros, experimentan a un Dios distante y estricto. Viven con esta contradicción. Como Stan Slade observa, creen que Dios es bueno, pero aun así creen que Dios los castigará si faltan a los cultos de la iglesia.[3]

En este capítulo exploraré tres factores que influyen en el concepto que los latinoamericanos tienen de Dios: su herencia católica (española-romana,) el machismo y su experiencia de autoridad. El hecho de que este ensayo enfoca América Latina no quiere decir que personas de otras sociedades no tienen problemas en su concepto de Dios. El objetivo es entender la situación en este contexto. Al final, expondré propuestas de cómo comenzar a mejorar la situación. Obviamente hay mucha diversidad en el mundo y debemos tener cuidado en generalizar. El contexto específico de este capítulo son las iglesias evangélicas de Honduras. Sin embargo he podido corroborar cosas similares en otros lugares de América Latina. Entonces, aunque obviamente lo que describo aquí no es cierto para todo individuo, y es menos presente en unos contextos que en otros, aun así creo que tiene relevancia para muchas realidades y personas en América Latina.

Hace cuarenta años, Diego, un niño de un barrio de Tegucigalpa, pasó un fin de Semana Santa sentado tranquilamente dentro de la casa. Sus padres le dijeron que en esos días Jesús estaba en el sepulcro y Dios podría molestarse si la gente hacía ruidos fuertes o se movían demasiado. Diego se esforzó por cumplir, aunque muchas veces fracasó. Sus padres sin embargo no podían gritarle o pegarle. Ellos también tenían que estar quietos y tranquilos. Los castigos esperaron silenciosamente para el día de

---

2 Stan Slade, "La espiritualidad popular como dominación," inédito, p. 4. (En ingles: "Popular Spirituality as an Oppressive Reality," American Baptist Quarterly # 11, 1992: 145-158).
3 Ibíd., p. 3.

resurrección. Cuando el movimiento fue permitido otra vez, Diego obtuvo, en una sesión, todas las palizas que su padre no pudo darle los dos días anteriores. ¿Cuál fue el concepto que Diego tuvo acerca de Dios? Esta es la pregunta que queremos tener presente a lo largo de este capítulo, cuestionando cómo los aspectos que planteamos podrían afectar el concepto que una persona tiene de Dios. Al final preguntaremos cómo podemos ayudar a personas como Diego a formarse un concepto diferente de Dios.

## La herencia católica española romana y el concepto de Dios en América Latina

La forma de cristianismo que llegó a América Latina hace quinientos años no fue el simple catolicismo romano, sino el catolicismo romano-español.[4] Ocho siglos de influencia islámica dejaron sus marcas en muchos aspectos de la cultura española incluyendo su religión cristiana. Tres ejemplos de esta influencia son la guerra santa, la fusión de iglesia y estado, y la religión moralista. Estas tres desviaciones del cristianismo bíblico no fueron únicas para España. La influencia islámica, sin embargo, reforzó estas tendencias y se volvieron más pronunciadas en España.

> Reflexionando en el Cristo que España trajo a América, Juan Mackay escribe: ¿Fue realmente Él quien vino, o fue otra figura religiosa que portaba el mismo nombre y algunas de sus marcas? Pienso a veces que el Cristo, de paso al occidente, fue encarcelado en España, mientras otro que tomó su nombre se embarcó con los cruzados españoles hacia el Nuevo Mundo, un Cristo que no nació en Belén sino en Noráfrica.[5]

---

[4] Podría incluir a Portugal y llamar a esta la forma Ibérica de Catolicismo, pero me enfocaré en España. Es la sola influencia en la parte de Latinoamérica en que he vivido.
[5] Juan Mackay, *El otro Cristo Español*, Semilla, Guatemala, 1988, p. 115. Mackay acredita al pensador español Miguel de Unamuno, y el escritor Guerra Junquiero, por esta observación. Guerra J. Dijo, "El Cristo Español nació en Tánger."

La cruz y la espada invadieron juntas América Latina. El Dios que zarpó hacia América hablaba con un marcado acento musulmán. Este Dios vino envuelto en la gloria de la corte española, y arribó en medio de la conquista, la violación y la conversión forzada.

**La diseminación del cristianismo en América Latina**

La conquista produjo notorias historias de conversiones forzadas y bautismos en masa. La desalentadora tarea de unos pocos evangelizando millares llevó a una definición superficial de conversión.

> Los misioneros pensaban que bastaba con que supieran algo del monoteísmo cristiano, la doctrina de la redención en Cristo, el Padrenuestro y el Avemaría. Algunos que parecían tímidos, y que por ello no podían repetir lo que se les enseñaba, también fueron bautizados... Casi todos los misioneros cuentan haber bautizado centenares en sólo un día, y haber repetido esa práctica durante varios años.[6]

Algunos sacerdotes seculares acusaron a los misioneros de un bautismo muy simplificado: "no de bautizar a las gentes sin la debida preparación, como cabría pensar, sino de simplificar en demasía el rito bautismal".[7]

Los Conquistadores pusieron mucho énfasis en los ritos, pero muy poco en la dimensión ética del cristianismo. Por ejemplo,

---

6 Justo González, *Y hasta lo último de la tierra: Una historia ilustrada del Cristianismo. Tomo 7: La era de los Conquistadores*, Editorial Caribe, Miami, 1980, p. 91.
7 *Ibid.*, Esta situación no fue única para la conquista o para los españoles. Teológicamente la sacramentología de *ex opere operato* preparó el camino para estos bautismos en masas, y explica la preocupación por como realiza el rito. Carlomagno había practicado similares métodos de bautismo. En muchas maneras este tipo de evangelismo se remonta a Constantino. En el tiempo de Constantino la Iglesia encontró el problema de millares que quisieron convertir al Cristianismo. La Iglesia cambió de un énfasis en el discipulado a la necesidad de usar ritos y códigos morales para definir quién era parte de la comunidad. Ver al respecto: Jacques Ellul, La *Subversión del Cristianismo*, Ediciones Carlos Lohlé, Buenos Aires, 1990.

el destacamento de Cortés se preocupó sobre cómo responder al regalo de unas mujeres nativas. El sacerdote les dio una solución: aceptaba bautizar a las mujeres para que los hombres no se ensuciaran teniendo relaciones sexuales con inconversas. Si las mujeres entendían o no la instrucción traducida, no les preocupaba a los hombres (o al sacerdote): lo que contaba era el bautismo en sí. Cuando los españoles dejaban las aldeas, destruían los ídolos de las personas y frecuentemente dejaban a los sacerdotes aztecas encargados de cuidar la imagen de la Virgen y de la cruz. Desde su punto de vista era más apropiado que un sacerdote azteca hiciera esto, que una mujer "bautizada".[8]

Las ejecuciones parecían aún más incongruentes. Por ejemplo, el cacique araucano, Caupolicán, pidió ser bautizado antes de su ejecución.[9] Había sido instruido en la fe cristiana y posteriormente bautizado. "Después de aquello, los cristianos que tan exaltado gozo habían sentido por su conversión, lo hicieron sentarse en una aguda estaca y lo atravesaron con sus flechas".[10]

Hautey, cacique indígena de Haití, nos da una idea de la impresión general que los cristianos españoles dieron a los pobladores de América. Después de ser condenado a la hoguera, su confesor lo exhortó a convertirse para poder ir al cielo. Hautey preguntó si había cristianos en el cielo. Cuando ellos le contestaron afirmativamente, él optó por ir al infierno y rechazó el bautismo.[11]

La brutalidad y la codicia por el oro ciertamente fueron una parte significativa de la primera impresión que tuvieron los nativos de los españoles y del cristianismo. Con el transcurso del tiempo, sin embargo, la actitud hacia los rituales y las imágenes probablemente causó un impacto más duradero. Todavía se aprecia

---

8 Richard C. Trexler, "Aztec Priests for Christian Altars," in *Church and Community 1200-1600: Studies in the History of Florence and New Spain*, Edizioni Di Storia E Letteratura, Rome, 1987, pp. 469-492.
9 A menudo los españoles dijeron a la persona condenada que ellos podrían recibir una forma más deseable de ejecución si la persona aceptaba ser bautizada: Ver Mackay, p. 61.
10 *Ibid.*, p. 62. En un sentido ellos vieron la ejecución como una precaución contra la posible no perseverancia en la fe.
11 Eduardo Galeano, *Memoria del fuego (I): Los nacimientos*, Siglo Veintiuno Editores, México, 1982, p. 67.

hoy la actitud manifestada por Cortés, de poner cruces en lados opuestos de sus campamentos para protegerse del malvado. Es significativo que él dijera a los aztecas inconversos que podrían emplear la cruz de la misma manera.[12] La imagen en sí misma poseía el poder.

Como una nota final, en esta sección, debemos reconocer que una minoría de los españoles que vinieron a América elevó sus voces contra las prácticas comunes. Bartolomé de Las Casas, el más famoso de éste grupo, promovió y practicó la evangelización sin armas. En 1547, Cristóbal de Pedraza, obispo de Honduras, escribió:

> ¿No es acaso gran injusticia que por la fuerza deban los naturales estar en las casas de los españoles contra su voluntad, siendo libres? y que los maten a palos y golpes y a coces y los amarren a palos como a esclavos y que no tengan quien les proteja... Yo soy el Padre de los Indios.[13]

## La mezcla de religiones

La confianza en la eficacia de los ritos e imágenes preparó una plataforma para el sincretismo. Los españoles derribaron las imágenes indígenas y pusieron en su lugar imágenes cristianas. Construyeron catedrales cristianas sobre los cimientos de los templos destruidos. ¿Veneraba la gente la cruz o la imagen que ellos recordaban que estuvo en su lugar? En el caso de Cortés podríamos preguntarnos: ante los ojos nativos, ¿la cruz hizo cristiano al sacerdote azteca o la presencia del sacerdote azteca hizo a la cruz y a la Virgen María parte de la religión azteca?

---

12 Trexler, 483.
13 Enrique Dussel, *Historia de la iglesia en América Latina*, Tercera edición, Editorial Nova Terra, Barcelona, 1974, p. 99. Ver también, Justo L. Gonzaléz, "Voices of Compassion Yesterday and Today," in *New Face of the Church in Latin America*, ed. Guillermo Cook, Orbis Maryknoll-NY., 1994, pp. 3-12. Debemos también notar que España, en contraste con los países europeos del norte, al menos discutieron el tratamiento apropiado de la población indígena en las tierras que ellos colonizaron. La leyenda española puede ser negra, pero no es más negra que otros poderes imperiales en Europa.

No existe la menor duda de que aún hoy en día hay rastros evidentes de la religión indígena en la Iglesia Católica. El debate es cómo interpretar esta mezcla. Gennet Maxon Emery describe dos puntos de vista opuestos. Por un lado están aquellos que ven una fusión de los dos sistemas dentro de uno nuevo, el que se constituye en algo completamente diferente. En contraste están aquellos que piensan que la iglesia toleró las costumbres de las personas, costumbres que fueron santificadas por su adopción en la iglesia. Después de un tiempo sus raíces paganas han sido olvidadas.[14]

La segunda perspectiva parece correcta sólo en el sentido de que mucha gente hoy no podría identificar las raíces indígenas de ciertos elementos del catolicismo popular. Pero esto no significa que esos elementos no continúen como componentes extraños dentro del catolicismo. Es ingenuo pensar que el proceso de adopción podría tener lugar sin afectar a la madre iglesia, aún si sólo fuera reforzando elementos que la iglesia española en sí misma había ya tomado de fuentes no cristianas. Por ejemplo, los mayas, como los españoles, tenían una jerarquía de expertos religiosos. La gente común no tenía que saber mucho acerca del lado complicado de la religión. Sólo participaba en los rituales.[15]

Hubo varias religiones en el tiempo de la conquista. Los esclavos trajeron otras de África. Este factor, combinado con las diversas maneras en que el sincretismo es evidente hoy, impide desarrollar afirmaciones universales sobre el impacto de las religiones indígenas en el concepto latinoamericano del Dios cristiano. Podemos generalizar diciendo que al ropaje musulmán que el cristianismo español trajo cuando llegó a América, se le añadieron algunos trajes de las religiones indígenas. Solamente en relación con un lugar específico podríamos preguntarnos cuáles son estos trajes y cómo ellos afectan directamente el concepto de Dios que tiene ese pueblo.

---

14 Gennet Maxon Emery, *Protestantism in Guatemala: Its Influence on the Bicultural Situation, with Reference to the Roman Catholic Background*, Centro Intercultural de Documentación, Cuernavaca, 1970, pp. 2, 3.
15 *Ibid.*, pp. 2, 6.

## María

Hay numerosos ejemplos de ritos o festividades indígenas que han sido integrados dentro de las celebraciones cristianas.[16] Tal vez, la fusión más común tuvo como centro a María. Los indígenas fácilmente relacionaron a María con las formas femeninas de divinidad propias de su religión, como madre de la tierra o la diosa de la tierra.[17] El ejemplo más popular de este sincretismo es la Virgen de Guadalupe, de México. Octavio Paz escribe:

> No es un secreto para nadie que el catolicismo mexicano se concentra en el culto a la Virgen de Guadalupe. En primer término: se trata de una Virgen india; en seguida: el lugar de su aparición (ante el indio Juan Diego) es una colina que fue antes santuario dedicado a Tonantzin, "nuestra madre", diosa de la fertilidad entre los aztecas... La Virgen es el consuelo de los pobres, el escudo de los débiles, el amparo de los oprimidos... Y hay más: Madre universal, la Virgen es también la intermediaria, la mensajera entre el hombre desheredado y el poder desconocido, sin rostro: el Extraño.[18]

Mucho podría decirse en relación con María y América Latina.[19] Para nuestro propósito, sin embargo, el punto más significativo es la manera en que María se ha convertido en una figura accesible en contraposición al distante y poderoso Dios Padre, y a un Cristo colgado de una cruz.

## El Cristo de América Latina

Los españoles dieron a América Latina dos imágenes de Jesús: un infante en los brazos de su madre y una víctima sangrante

---

16 Dussel ofrece un ejemplo grafico de un día de celebración Epifánica, pp. 116-118.
17 Eduardo Galeano, *Memoria del fuego (II): Las caras y las máscaras*, Siglo Veintiuno Editores, México, 1984, pp. 17-18.
18 Octavio Paz, *El laberinto de la soledad*, Fondo de Cultura Económica, México, 1959, p.71.
19 Por ejemplo ver Pablo Alberto Deiros, *Historia del cristianismo en América Latina*, Fraternidad Teológica Latinoamericana, Buenos Aires, 1992, p. 186.

y sufriente. "Es el cuadro de un Cristo que nació y murió, pero que no vivió jamás"[20] Por lo tanto, ellos perdieron las implicaciones éticas y teológicas de la vida de Jesús, teológicas en el sentido que Jesucristo es la revelación de Dios.[21] Por medio de Jesucristo los cristianos pueden entender quién es Dios y tener la confianza de que Dios comprende desde la experiencia la situación humana. No solamente perdieron al Jesús que vivió; el énfasis en la muerte de Jesús tendió a desplazar cualquier atención dada al Jesús resucitado que vive.[22] "Ni se concibe ni se experimenta su señorío soberano sobre todos los detalles de la existencia, Rey Salvador que se interesa profundamente en nosotros y a quien podemos traer nuestras tristezas y perplejidades".[23]

Esto no quiere decir que Cristo no haya desempeñado un papel en el catolicismo de América Latina. Sin embargo, su papel ha sido limitado. La figura lastimosa de Jesús provee una llave de seguridad emocional en medio de su sufrimiento. "En contraste con el Cristo agonizante, María con una belleza radiante es la benevolente que está accesible y siempre dando. Es María quien tiene compasión por la multitud, y es la contemplación de este símbolo que trae tranquilidad y un sentido de esperanza".[24]

Las personas también se inclinan ante los santos en América Latina.[25] La idea de los santos se relacionó bien con algunas religiones indígenas donde las personas suplicaban a diferentes dioses según sus necesidades. El carácter jerarquizado de la iglesia contribuyó a la lógica de los santos, como también lo hizo la práctica cultural española de buscar a un amigo que tuviera

---

20 Mackay, p. 128; ver también Deiros, p. 191.
21 Esto fue empeorado porque, hasta recientemente leyendo la Biblia no fue animado, y de hecho a veces desanimado: Mackay, p. 130.
22 Una muestra de esto es que el Viernes Santo es un día tomado muy seriamente con procesiones solemnes. El Domingo de Resurrección recibe poca atención especial. Podría pasar como cualquier otro domingo.
23 Mackay, p. 130.
24 Eugene Nida, *Understanding Latin Americans*, William Carey Library, Pasadena, 1974, p. 126.
25 En muchos sentidos Jesús está a nivel de los santos, al menos en relación con los actos de devoción para Jesús y los santos. Un indicador de esto es la pluralidad de Cristos que hay. (Cristo del sepulcro en Amameca, Mexico; el Cristo de Esquipulas en Guatemala; el Cristo milagroso Cristo en Buga, Colombia, etc…) También hay ritos específicos practicados para el niño Jesús, el Cristo de la cruz, etc…: Deiros, pp. 157, 191-192.

influencia en los poderes más altos. ("Hagan lo que hicieren la ley o la justicia, un amigo puede deshacerlo").[26]

María, Jesús, y los santos continúan siendo figuras de tremenda veneración religiosa. La gente practica varios ritos para buscar y obtener protección y favor o expresar agradecimiento. Esto refuerza la noción de un Dios distante a quien es mejor buscarlo a través de mediadores. Además, como la perspectiva implícita en estos rituales influye en otras áreas de la vida cristiana, como los sacramentos, a ellos también se los ve como maneras de ganar el favor de Dios. Estas actividades religiosas populares tienen la tendencia a desviar la atención de las personas de las causas concretas y posibles soluciones de sus problemas y, por lo tanto, han facilitado su dominación y opresión.

## La situación actual

Se ha intentado describir las características generales del catolicismo romano, pero esto no quiere decir que fuera una entidad monolítica en el tiempo colonial ni en el día de hoy. Enrique Dussel, historiador católico, brinda una tipología que ofrece seis respuestas al cristianismo en la época colonial.[27]

Dussel plantea que, como en el pasado, hoy típicamente los latinoamericanos se denominan "católicos" por haber sido

---

26 Mackay, p. 17.
27 Dussel, pp. 128-130:
    1. Unos pocos tenían una fe clara y consciente.
    2. La gran masa de los misioneros, algunos laicos, e indios "trataron de realizar la misión aunque mezclaron inconscientemente, en muchas ocasiones, elementos hispánicos y cristianos como idénticos."
    3. "La gran mayoría de los conquistadores, colones e hispánicos, al igual que los criollos y paulatinamente los mestizos, que unificaron totalmente los fines del Imperio hispánico con la Iglesia católica, hasta el punto de poseer un *mesianismo hispánico*. Se es cristiano por el hecho de ser hispánico, de ser bautizado, y de cumplir ciertos preceptos de la iglesia, sin que esto exija, realmente aunar existencialmente la conducta al Evangelio."
    4. "La gran mayoría de los indios bautizados pero *no totalmente catequizados* ni profundamente convertidos... su fe o comprensión no habían sido lo suficiente educadas para abarcar el dogma y su exigencias."
    5. Unos indios tenían poco contacto con la civilización hispánica y quedaron sustancialmente paganas.
    6. Otros pocos grupos de indios, propiamente paganos, no tuvo ningún contacto.

bautizados como tales.[28] No está de acuerdo con aquellos que consideran a América Latina un continente católico simplemente porque más del noventa por ciento de las personas están bautizadas. El historiador señala que esta conclusión "desconcierta el valor de la conciencia y la libertad en la aceptación humana de la Gracia propuesta por Jesucristo en los sacramentos: postura de cristiandad medieval o colonial". Considera a América Latina parcialmente evangelizada, pero igualmente una "tierra de misión".[29]

Aunque no es mi intención insinuar que el típico latinoamericano que Dussel describe tiene exactamente la misma idea del español que llegó en el siglo XVI, o la misma comprensión de cristianismo que los indígenas bautizados por ellos,[30] estoy argumentando que el catolicismo romano-español y la manera en que fue introducido en América Latina continúa produciendo un enorme impacto hoy.

## Impacto en el concepto que las personas tienen de Dios

En el cristianismo bíblico el acto de importancia fundamental en la relación entre los seres humanos y Dios no es un acto humano sino un acto de la gracia de Dios en Jesucristo. Sobre esta base, por ejemplo, el Espíritu Santo es dado, no ganado. La acción cristiana y el interés ético son maneras de responder al amor de Dios y no de ganar su aceptación.

La importancia extrema dada a los rituales ha contribuido a cambiar todo esto. El énfasis se ha puesto en la acción humana, vista como una manera de ganar algo de Dios o una manera de evitar al castigo. Stan Slade observa que esto ha entrado en las iglesias evangélicas aunque en sus enseñanzas están en contra de los rituales católicos. "A fin de cuentas, al llegar al templo, lo único que se espera es agradar al Dios lejano y estricto con asistir al culto". Slade explica que la gente piensa que "Dios sólo responde a las necesidades de los que se sacrifican por él

---

28 Dussel, p. 193.
29 *Ibid.*, p. 197.
30 Especialmente porque acabo de señalar que no había un entendimiento monolítico.

en los cultos, las vigilias y los ayunos".[31] Estas mismas personas criticarían a quienes van arrodillados a la Virgen de Guadalupe o sentirían lástima por ellos, pero ¿es muy diferente su actitud hacia Dios?

La influencia musulmana en el concepto español de Dios, la unión entre la iglesia y un país poderoso, y la jerarquía dentro de la iglesia se combinan para facilitar que muchas personas perciban a Dios como distante y poderoso. Como ya observamos, la importancia dada a María y a los santos como mediadores es entendible en este contexto. Desafortunadamente esto también refuerza el concepto erróneo de un Dios distante y severo.

**Vientos de cambio**

Se han producido cambios significativos, especialmente en los últimos cincuenta años, en relación con los temas discutidos en esta sección. El más radical de ellos, sin embargo, sólo impacta a un pequeño porcentaje de latinoamericanos.

Los evangélicos han trabajado por presentar a un Jesús que vivió y vive.[32] Teológicamente es un avance bajar a Jesús de la cruz y presentarlo como un salvador amoroso. Pero eso en sí mismo no corrige completamente la imagen de un Dios distante y acusador que la gente lleva profundamente dentro de sí. Juan Stam recuerda una clase de escuela dominical en la que un niño le dijo: "Me gusta Jesús, pero el Padre me parece muy bravo y le tengo mucho miedo".[33]

Muchos católicos han desarrollado en los últimos tiempos más conciencia del Jesús que vivió y vive. En parte esto sucedió simplemente porque pusieron la Biblia en las manos de los laicos,

---

31 Slade, p. 3.
32 No quiero insinuar en una forma general que el catolicismo romano es el problema y la iglesia evangélica es la solución en relación a este tema. Aspectos de muchas formas del cristianismo evangélico traídas a Latinoamérica han reforzado conceptos erróneos de Dios, o al menos no los han corregido. Esto, sin embargo, es material para otro documento. Yo escogí enfocarme en el catolicismo romano español en este material debido a su significación fundamental y universal en América Latina.
33 Juan Stam en una carta al autor, 27/12/93.

y capacitaron a quienes compartían la Palabra para dirigir estudios bíblicos. Los teólogos de la liberación y los que simpatizan con esta teología han dado un gran énfasis a la vida y ministerio de Jesús. Subrayaron el seguir su ejemplo y no solamente participar en los rituales. Así como los evangélicos, han desarrollado modelos de iglesias menos jerárquicos. Todo esto ha mejorado en alguna medida la situación. Sin embargo, todavía hay mucho por hacer en relación con este problema.

## El machismo

La información de la sección anterior es algo que he descubierto por medio de la lectura. Por el contrario, el machismo es algo que casi todo aquel que lee este artículo conoce de primera mano. Casi todos lo han experimentado y observado. Es un fenómeno complejo. Las simples explicaciones de su historia no logran captar su complejidad. Tanto el hombre como la mujer están involucrados en perpetuarlo hoy, y ambos sufren por su causa, como también los niños.

### Impacto en el concepto de Dios que tiene la gente

Gran parte del impacto del machismo en el concepto de Dios que tienen los latinoamericanos se relaciona con la manera en que experimentan la autoridad, tema que analizaremos en la siguiente sección. Sin embargo, además de ser una figura con autoridad, a Dios también se le percibe comúnmente como hombre, como Dios el Padre. Es natural entonces que la experiencia de los latinoamericanos con padres machistas influya en la manera en que ellos conciben a Dios.

En contraste con una madre (María), que está allí cercana a ellos, muchos podrían captar fácilmente a Dios como un padre que aparece sólo regañando y mandando, o tal vez como un padre ausente. Frente a un arrebato violento, muchos niños y mujeres piensan que es mejor estar quietos y soportar. Si estas experiencias influyen en la manera en que las personas piensan acerca de Dios el Padre, es probable que crean que sería sabio intentar aplacar a este Dios potencialmente violento para que su próximo golpe no caiga sobre ellas.

El machismo ayuda a nuestra comprensión de la devoción a María. No es simplemente un tema de doctrina incorrecta. María desempeña un papel significativo para los que viven con un Dios distante, acusador, y "machista". Al corregir la situación tenemos que tratar con el concepto de Dios que tienen las personas y, por lo tanto, con el machismo.

Un problema más específico en relación con el machismo se presenta para los que enseñan la teoría tradicional de la satisfacción en la redención, basada en el pensamiento de Anselmo. Anselmo (1033-1109) vivió en una época en que el honor era un tema importante. Señaló que Dios no puede "perdonar misericordiosamente los pecados, sin que antes se le pague por el honor que se le ha quitado". Debido a su propia naturaleza, Dios debe conservar y preservar "el honor de su propia dignidad".[34] Como lo entendió Anselmo, el pecado sólo puede ser perdonado si el honor de Dios es preservado por la muerte de un ser humano sin pecado. La muerte de Jesús satisface a Dios. En cualquier cultura, esta imagen presentada como la razón de la cruz puede conducir a las personas a percibir a Dios como una figura enojada y exigente, que sólo Jesús puede aplacar.[35] En América Latina las personas podrían relacionar cualquier disputa de honor con el machismo. Por lo tanto, esta presentación de la doctrina de la redención podría reforzar la noción de un Dios "machista". El énfasis en los conceptos de honor y satisfacción también facilitaría que las personas relacionen a Dios con otras autoridades exigentes en su vida. Este es el tema de nuestra próxima sección.

---

34 Anselmo de Canterbury en Juan Driver, *La obra redentora de Cristo y la misión de la iglesia*, Nueva Creación, Buenos Aires, 1994, p. 54.
35 Ver Driver, *La obra redentora de cristo* para la discusión de este problema y una exposición de la diversidad de imágenes bíblicas de la redención.

## La experiencia de autoridad

No es mi propósito argumentar ni a favor ni en contra de un patrón universal latinoamericano de autoridad con causas identificables. Simplemente me concentraré en cómo la gente (específicamente los hondureños) percibe y experimenta la autoridad en su vida.

### Soldado/Autoridad

El hecho de que una persona que no es hondureña y tiene otra cultura escriba este artículo presenta algunas ventajas y desventajas. He vivido en Honduras diez años -una considerable cantidad de tiempo- pero nunca entenderé algunas cosas como quienes nacieron y crecieron en esta cultura. Por otro lado, puedo ver algunos detalles que otros no pueden ver precisamente porque vengo del exterior. Por ejemplo, me llaman la atención algunas cosas que pasan de vez en cuando y que los hondureños toman como normales: la policía que detiene los buses y pide los documentos de identidad de las personas, o los soldados con ametralladoras patrullando las calles de las ciudades. Obviamente, podría mencionar grandes abusos de poder, pero me pregunto cómo estos pequeños sucesos "normales" impactan a las personas. ¿Cómo afectan su dignidad? ¿Cómo afectan la manera en que perciben la autoridad?

Por muchas razones, que los lectores conocen, las personas ven a las fuerzas de seguridad con más miedo que respeto. Por el contrario, cuando yo era pequeño mis padres me enseñaron a ir a la policía si yo me perdía o necesitaba ayuda. Pienso tristemente que muchos padres hondureños probablemente enseñan a sus hijos lo opuesto: "Manténganse distantes de la policía".[36]

---

[36] En este punto yo tengo amigos afro-americanos y latinos cuya experiencia en los Estados Unidos es más similar a la hondureña que a la mía en los Estados. Esto ofrece otro ejemplo de la necesidad de no generalizar todo esto como un problema específicamente latino.

## Maestros

Cuando los hondureños se refieren a los maestros de la escuela primaria, que son los únicos maestros que muchos hondureños tienen, muy a menudo no hablan de una figura cariñosa sino de alguien severo y exigente, que golpea en los dedos con una regla. Stan Slade observa que muchas veces en lugar de motivar positivamente a los estudiantes, los maestros les tratan como seres inferiores usando su lengua como un "látigo verbal".[37]

## Líderes políticos

El siglo 19 fue la época de caudillos en América Latina. La lucha por la independencia había dado lugar al desarrollo de fuertes líderes militares. Antes de que las nuevas instituciones nacionales se hubieran consolidado, la autoridad personal del caudillo llegó a ser la autoridad. El poder del caudillo no radicaba en un título o una posición de autoridad, ya que consiguió ésta por la fuerza y luego mantuvo esa posición.[38]

El caudillo por medio del carisma, la astucia, la fuerza y la valentía desarrolló un grupo de seguidores que le brindaron lealtad. Con su apoyo se convirtió en la autoridad absoluta en un área geográfica determinada. El caudillo, sin embargo, tenía que dar algo a los que lo apoyaban y ellos a su vez esperaban recibir algo de él.

Podemos encontrar similitudes con los políticos actuales. Las campañas políticas venden a la persona, no el programa. En muchos casos podemos ver que los ciudadanos eligen a un hombre fuerte. El espera mandar y la gente espera que él mande. El diputado y la diputada son vistos como un medio por el cual los ciudadanos de su localidad pueden conectarse con los beneficios dados por el líder en poder; un medio para conseguir un trabajo en

---

[37] Slade, p. 9.
[38] Algunos definen caudillismo estrechamente refiriéndose a aquellos militares del siglo XIX. Otros argumentan que las raíces del caudillismo están en la España feudal y ven una continuidad en los dictadores del siglo XX. Algunos usan el caudillismo como un término descriptivo general relacionado con el autoritarismo y por ejemplo pueden hablar del padre como el caudillo de la familia. No entraré a esa discusión y en general voy a usar otros términos para líderes en el presente.

el gobierno, un nuevo edificio para una escuela o recibir algún otro favor.

Muy pocos hondureños conocen al presidente; la gran mayoría ni tienen la esperanza de hablar personalmente con un diputado. Cuando tienen una necesidad buscan a una persona que les resulte conocida y que esté más cercana a los que tienen poder. Su esperanza es que esta persona influya en alguien de una posición más alta.

**Oficiales militares**

Les he preguntado a muchos hondureños qué piensan de los militares. Me han respondido con palabras como las siguientes para calificarlos: abusadores de autoridad, opresores, violentos, injustos e inaccesibles. Los hondureños describen sus sentimientos por los militares con palabras como: miedo, repugnancia, odio y falta de confianza.

**Pastores**

No quiero generalizar y decir que los pastores desempeñan el papel de cacique o caudillos en sus congregaciones. Aunque he visto ejemplos de pastores autoritarios, también he visto pastores que practican otro estilo de liderazgo. Otros tienen etapas autoritarias, pero en general no continúan con ese modelo. Probablemente sería correcto decir que muchos evangélicos hondureños han tenido pastores autoritarios. En muchas iglesias, aunque haya apariencia de un liderazgo compartido con ancianos o un concilio, normalmente sus miembros saben quién manda verdaderamente.[39]

**Relación con el machismo**

Muchas veces es difícil distinguir el machismo del autoritarismo. Por ejemplo, Octavio Paz escribe: "La frase 'yo soy

---

39 Para ser justo con los pastores debemos notar que mucha gente prefiere tener un pastor que mande. Requiere esfuerzo concertado no ser un pastor autoritario.

tu padre' no tiene ningún sabor paternal, ni se dice para proteger, resguardar o conducir, sino para imponer una superioridad".[40] Un padre, ¿manda como expresión de orgullo y poder masculino, o está imitando modelos de autoridad (caudillismo) que ha visto? La diferencia es imprecisa, especialmente porque el machismo ha influido en la manera en que los caudillos expresaron su poder y afecta las otras expresiones de autoridad descritas en este capítulo.

**Impacto en el concepto de Dios que tiene la gente**

Podríamos hablar de otras figuras de autoridad, como el jefe o el patrón, que afirmarían nuestra observación básica: superioridad, orgullo, y poder tipifican las expresiones comunes de autoridad en Honduras. Esto no quiere decir que todas las figuras de autoridad muestran estas características. Ni quiere implicar que estas características se exhiben de manera uniforme en una expresión de autoridad o en otra. Un soldado, un maestro, una madre o un padre pueden ser muy estrictos de diferentes maneras. Tanto el presidente como el capataz comunican superioridad y distancia, pero no de la misma manera. Sin embargo, en un sentido general estos elementos caracterizan la manera en que los hondureños experimentan y ejercen autoridad en su vida.

Si las personas han vivido bajo autoridades que emplean la intimidación o la fuerza para respaldar sus exigencias, ¿qué pasa cuando estas personas vienen a la iglesia y se les informa que Dios es poderoso, la autoridad suprema, el Rey de reyes? Muchas de sus experiencias con sus autoridades probablemente influirán en la manera en la que ellos piensen acerca de Dios.

El enfatizar el poder y la autoridad de Dios naturalmente conducirá a las personas a pensar en este Dios todopoderoso como el gran maestro, el gran policía, el gran presidente, etc. Si las autoridades bajo las cuales vivieron han tenido un aire de superioridad que las ha hecho inaccesibles, probablemente perciban a Dios aún más lejos. Si los maestros fueron estrictos

---

[40] Octavio Paz, p. 68.

y aplicaron rígidamente una regla, entonces Dios probablemente tenga un gran ojo acusador y lleve un garrote. Un cristiano puede sentir menos temor por el garrote que otros, pero el punto significativo es que el garrote es parte importante de su concepto de este Dios poderoso.

No estoy diciendo que una persona automáticamente conciba a Dios como un corrupto y violento general o político simplemente porque se le dijo que Dios es poderoso. Seguramente en la iglesia también oirá de la bondad y el amor de Dios. Mi tesis es que, comunicando de la misma manera el amor y poder de Dios, se hace difícil, si no imposible, que un latinoamericano experimente y comprenda la realidad del amor de Dios.

### Hacia un nuevo concepto de Dios

Un número de elementos -especialmente los discutidos en este ensayo: la herencia católica romana-española, el machismo, y la experiencia de autoridad- han conducido a los latinoamericanos, incluyendo a muchos evangélicos, a experimentar un dios falso y no el verdadero Dios de amor. Escuchando las oraciones de algunos bautistas en El Salvador, Stan Slade ha observado:

> Los hermanos y hermanas no hablan con un Dios de amor que está presente en todo momento. Hablan con un Dios severo y lejano, un Dios enojado y castigador. Pero no "hablan" con él, sino que claman a él desde lejos, rogando y suplicándole su misericordia. No confían en que el Señor los escuche, ni mucho menos en que los ame. Todo lo contrario: hay que ganar su favor; hay que merecer, hacerse "digno" o, por lo menos, comprar su bendición.[41]

Hasta aquí el propósito de este artículo ha sido comprender

---

41 Slade, p. 5.

cómo las personas pueden percibir a Dios como alguien severo y distante, aunque verbalicen (o pinten en su vehículo) que Dios es amor. Ahora pasamos a otra pregunta. Empezamos con la historia de Diego, quien trataba de quedarse quieto el viernes santo, y hemos preguntado cómo la paliza del día de resurrección afectó su concepto de Dios. Entonces, ¿cómo podemos ayudarlo a que cambie ese concepto y experimente la profundidad del amor de Dios? Esta sección tomará la forma de una lista de ideas en cuanto a cómo podemos empezar a ayudar a Diego y a muchos como él.

<u>Jesús</u> - Dios escogió venir a nosotros encarnado como un carpintero y no como una figura de poder y gloria. Debemos invitar a las personas a que vayan a Jesús y decirles que así comprendemos cómo él es Dios. Enfatizando que Jesús es la manera en que Dios decidió encarnarse y revelarse a nosotros, podemos decir que Jesús nos muestra el concepto que Dios desea que tengamos de él. Si no vemos a Jesús con un garrote y ojos acusadores, estamos equivocados en concebir a Dios en esta manera. Especialmente debemos concentrarnos en situaciones en las que Jesús tuvo la oportunidad a acusar y condenar a personas "malas" y observar que él no actúa como las autoridades en nuestra vida (por ejemplo Lucas 7:36-50; 15; 19:1-10; Juan 8:1-11). Debemos presentar la cruz como el lente a través del cual vemos la gloria y el poder de Dios. En los capítulos cinco y seis comparto ejemplos de cómo he tratado de invitar a las personas a que vayan a Jesús y decirles que así comprendemos cómo es Dios. Mi libro ¿Dios de ira o Dios de Amor?: Cómo superar la inseguridad y ser libres para servir tiene más ejemplos.

<u>El Dios de amor en el Antiguo Testamento</u> - Fácilmente las personas ven imágenes de un Dios de ira en el Antiguo Testamento. Comencemos a cambiar esta concepción estudiando pasajes que establecen claramente que la misericordia de Dios es más grande que su ira y entonces intentemos leer el Antiguo Testamento <u>desde este punto</u> de vista.[42] Nos enfocaremos más en este tema

---

42 Los siguientes libros ayudan en esta tarea: Abraham Heschel, *Los Profetas*, Paidos, Buenos Aires,

en el capítulo diez. Señalemos que el amor de Dios y el pacto precedieron a la ley. El amor de Dios no está condicionado a la obediencia humana ni siquiera en el Antiguo Testamento.

Imágenes maternales de Dios - En cualquier contexto es importante corregir el error de imaginar a Dios estrictamente como una figura masculina (o estrictamente femenina). En América Latina es especialmente importante mostrar que Dios no es una figura masculina machista. Empleemos más los textos bíblicos que describen a Dios por medio de imágenes tradicionalmente femeninas.

Machismo y autoritarismo en la iglesia - Una de las tesis principales de este capítulo ha sido que las experiencias en la vida nos dan muchas de las herramientas que usamos para desarrollar un concepto de Dios. Entonces, un paso significativo y necesario es presentar a la gente experiencias diferentes, diversos modelos de autoridad. Tenemos que permitir que el Espíritu Santo sople vientos de renovación en la iglesia, cambiando los patrones de liderazgo jerárquico y de pastores autoritarios, y derribando las actitudes machistas.

Legalismo y rituales - La mayor parte de los evangélicos abandonan la forma exterior de los rituales cuando deja la Iglesia Católica. Pero muchos llevan todavía la actitud y la transfieren a nuevas formas. Necesitamos confrontar esta actitud y el legalismo con el mismo vigor con que Pablo defendió el evangelio en Gálatas.[43] De hecho, la lectura de Gálatas sería un buen punto de partida y lo estudiaremos en el próximo capítulo. Gálatas ofrece la ventaja de atacar el legalismo, el cristianismo individualista, y los prejuicios raciales, sexuales, sociales y religiosos.

Historia - Comprendiendo el pasado, se nos proporcionan más posibilidades de tomar pasos de libertad en relación a este. Muchos latinoamericanos podrían beneficiarse al tener una mayor

1973; Philip Yancey *Desilusión con Dios*, Vida, Miami, 1991; Marcos Baker, ¿Dios de ira o Dios de Amor?: Cómo superar la inseguridad y ser libres para servir, Kairós, Buenos Aires, 2007.

43 Las raíces del legalismo están igualmente en los Estados Unidos, no podemos decir que es un problema que sólo viene de la herencia católica romana española.

conciencia de la historia de la conquista y de su herencia católica romana-española.

Redención - Como sugerí en la sección sobre el machismo, debemos evaluar cómo presentamos la doctrina de la redención. Podemos empezar usando mayormente la diversidad de imágenes bíblicas relacionadas con la cruz y la redención.[44] También necesitamos dar más lugar a los conceptos legales hebreos, en vez de dejar que los conceptos legales del Imperio Romano influyan tanto en nuestro entendimiento de la redención. Exploraremos esos temas en los capítulos siete, ocho y nueve.

Influencia griega - El "Cristo español", como lo describe Juan Mackay, nos resulta un concepto útil. No podemos, sin embargo, echar toda la culpa a los españoles. Concebir equivocadamente que su poder omnipotente y su impasibilidad son las características más sobresalientes de Dios precede a los españoles del siglo XVI y cruza muchas fronteras. Tenemos que ayudar a las personas en las iglesias a entender que el Dios de Abraham, Isaac, y Jacob, el Dios revelado en Jesucristo es diferente del Dios que concebían los filósofos griegos.

## Conclusión

Este capítulo deja planteado que un problema fundamental es enfatizar el poder y la autoridad de Dios y así vincular a Dios con las experiencias de autoridades humanas. Por eso, aunque no aparece como una categoría separada, implícitamente en varias de las ideas mencionadas está la necesidad de dar menos énfasis a la gloria y al poder de Dios. Algunos van a rechazar esta idea sosteniendo que Dios es todopoderoso, que la Biblia habla de su poder y gloria, y que por lo tanto no sería bíblico quitar el énfasis en estas características.

Ante este rechazo presento tres respuestas. Primero,

---

44 Ver Driver, *La obra redentora de cristo* para la discusión de este problema y una exposición de la diversidad de imágenes bíblicas de la redención.

tenemos que preguntarnos si el concepto que viene a la mente de la gente cuando hablamos del poder y la autoridad de Dios se deriva más de la Biblia o de su experiencia. Creo que la manera en que muchos conciben el poder de Dios no es bíblica. Segundo, la Biblia brinda muchas características de Dios. En un contexto dado y por razones pastorales podemos subrayar algunas más que otras, pero no omitir ninguna. Tercero, tenemos que poner menos énfasis en el poder y la autoridad de Dios e interpretarlo nuevamente como lo hace Dios en Jesús, aun en el Antiguo Testamento. Cuando introduzco una canción que habla de la majestad y el poder de Dios, animo a la congregación a pensar en la cruz.

Como muestra la lista de ideas, el propósito no es solamente hablar menos del Dios todopoderoso, sino más bien enfatizar el amor y la compasión de Dios. Estas características deben reafirmarse continuamente, y el distante Dios acusador tiene que ser destronado. Terminaré con dos escenas de la Biblia que he usado en estudios bíblicos y sermones como pasos en este proceso.

Elías fue llevado a la victoria por el asombroso poder de Dios. Un día fue protagonista de la impresionante victoria sobre los profetas de Baal, anunció el fin de la sequía y sobrepasó el carro de Ahab. Sin embargo, al siguiente día Elías se desanimó, tuvo temor y huyó de Jezabel al desierto (I Reyes 18 y 19). ¿Es el poder la solución, como nosotros pensamos? Más significativo para nuestro propósito es notar cómo el Dios de asombroso poder encontró a Elías ese día (I Reyes 19:11-12). Dios no le habló con palabras estruendosas. Dios no estaba en el tremendo viento ni en el terremoto o el fuego. Con un suave y apacible susurro Dios animó a Elías.

¿Cómo respondería una persona si un león entrara por la puerta? ¿Qué haría si ingresara un cordero? Cuando he hecho estas preguntas las personas normalmente dicen que correrían, se esconderían o se desmayarían ante el león, pero acariciarían al cordero. Después de escuchar las repuestas leo Apocalipsis 5.

El título "El triunfante León de Judá" rebosa de poder y gloria. Esta imagen podría fácilmente describir un Dios distante con un garrote. ¡Pero este león triunfante es un cordero!

# 3
# Una relectura de Gálatas[1]

**Un evangelio distorsionado**

**Un evangelio legalista**

> *"Una amiga me dijo que ya no soy salva porque me corté el pelo. ¿Es cierto?"*
> *"Estaba tan tenso por las reglas. Si no iba a los cultos por unos días, sentía miedo de Dios."*

Desafortunadamente hay muchos evangélicos hoy en América Latina que dirían cosas muy similares a lo que me dijeron estos hermanos. Como escribe Dagoberto Ramírez:

> Mientras por un lado proclamamos desde los púlpitos la libertad a la cual Cristo nos ha llamado, por otro se suelen imponer estrictas y, a veces, absurdas disposiciones

---

[1] Este capítulo es un resumen de una parte del libro: *¡Basta de religión!: Cómo construir comunidades de gracia y libertad*, Kairós, Buenos Aires, 2005. Fue originalmente un ensayo presentado al núcleo de Tegucigalpa de la Fraternidad Teológica Latinoamericana, 7 de abril, 1997.

morales que no se ajustan necesariamente a la esencia del evangelio. Hay iglesias que están sobrecargadas de prohibiciones y el evangelio de Jesucristo, lejos de posibilitar una vida libre en el amor de Dios, transforma la comunión eclesial en una verdadera opresión.[2]

Muchas iglesias evangélicas son legalistas no sólo en el sentido que tienen muchas reglas, sino también porque comunican explícita o implícitamente que para ser aceptados por Dios y ser incluidos y aceptados en la iglesia, es necesario cumplir estas reglas. ¿Cómo respondemos a esa perversión del evangelio? El mensaje de gracia y libertad en la epístola de Pablo a los Gálatas ofrece mucha ayuda.

## Un evangelio escapista

La falsa distinción dualista entre materia y espíritu, cuerpo y alma, vida terrenal y vida eterna, iglesia y sociedad, junto con la dicotomía entre el mundo y la iglesia, ha sido característica de la prédica evangélica de muchas iglesias. Esto ha llevado a concebir un evangelio ajeno e indiferente a las necesidades inmediatas del ser humano. Incluso, ha producido un evangelio inhumano, que negó como herética o mundana toda demanda por justicia social, amor y promoción humana y social. Se redujo el deber evangelístico a lograr la "salvación del alma", mutilando así el Evangelio de Cristo, que tiene que ver con la salvación del ser humano, y del ser humano en su totalidad. No ha habido todavía mayores indicios de cambios en esta tendencia gnóstica y parcializadora en lo que hace a la tarea evangelística en América Latina.[3]

---

[2] Dagoberto Ramírez F., "La carta a los Gálatas: un manifiesto acerca de la libertad cristiana", *Teología en Comunidad* # 3, 1989: 21.
[3] Pablo Alberto Deiros, *Historia del Cristianismo en América Latina*, Fraternidad Teológica Latinoamericana, Buenos Aires, 1992, pp. 821-822.

Los evangélicos son conocidos estereotípicamente como escapistas. Esto no es tan cierto como antes,[4] pero como escribe Deiros, todavía falta mucho para que podamos decir que la iglesia evangélica en América Latina predica y vive un evangelio integral. ¿Cómo respondemos a esa perversión del evangelio? Usualmente pensamos en textos como Lucas 4:16-21, Amós, Isaías 58, o en un estudio sobre el Reino de Dios. Muchas veces estos pasajes pueden ayudar a las personas a ver la importancia de las acciones para ayudar a los necesitados y oprimidos. Pero aún muchos de los que empiezan a desarrollar una preocupación social tienen la tendencia de verla como un apéndice del evangelio "que podía, por tanto, extirparse sin mayores consecuencias".[5]

Una razón por la que la preocupación por la justicia queda como un apéndice del evangelio, es que muchos basan su formulación del evangelio en las cartas de Pablo. Y tradicionalmente hemos interpretado estos escritos de una manera demasiada espiritualizada e individualista. Entonces muchos dirían que Pablo es exactamente donde no debemos llevar a alguien si queremos que una persona abrace el evangelio integral. Pero la realidad es que el evangelio de Pablo no es tan individualista y espiritualista. El hecho de que leamos a Pablo de una manera equivocada, es una barrera para la comprensión integral del evangelio. Una nueva lectura de Gálatas puede convertirse en una herramienta importante para confrontar las actitudes escapistas que manifiestan muchas iglesias evangélicas. Por esa razón, y otras que exploraremos al final del capítulo, es imperativo que estudiemos de nuevo y prediquemos hoy sobre Gálatas en América Latina.

## La manera tradicional de interpretar Gálatas

Lutero encontró en los escritos de Pablo libertad de

---

[4] Por un lado, gracias en gran parte a personas relacionadas con la FTL, está creciendo el entendimiento de y compromiso con un evangelio integral. Por otro lado en varios países los evangélicos están mucho más activos en la política y por lo tanto no son escapistas. Pero sólo el hecho de que están involucrados en la política no necesariamente significa que comprenden el evangelio en una manera integral.

[5] Plutarco Bonilla, "Crisis del protestantismo costarricense actual," *Pastoralia* # 18, 1987: 67.

una carga personal de culpa. Tenemos la tendencia de leer a Pablo con los lentes de Lutero. Por ejemplo, la gran mayoría de los comentarios dicen que Pablo escribió la carta a los Gálatas para que individuos cristianos en Galacia entendieran el camino correcto a la salvación y tuvieran libertad del legalismo.[6] En las introducciones de los comentarios casi nunca se menciona el tema de la comunidad o una preocupación de Pablo por la unidad de la iglesia.

Si ponemos a un lado los lentes de Lutero, podemos ver que Pablo escribe sobre la salvación individual en esta carta, pero que su motivación al escribir la carta es la preocupación por la comunidad y que él entiende la salvación como la inclusión en la comunidad cristiana. Pablo sí ofrece libertad del legalismo, pero de una manera mucho más profunda de la que típicamente hemos entendido.

**Una manera diferente de interpretar Gálatas**

**La carta tiene un carácter comunitario y no individualista**

En el segundo capítulo de Gálatas Pablo cuenta de una ocasión cuando él se molestó por una perversión del evangelio (2:11-14). Ese incidente puede ayudarnos a entender por qué él está tan perturbado por lo que están enseñando los maestros judaizantes en Galacia.

---

6 Hay unos nuevos comentarios en inglés que reconocen el carácter comunitario de la carta a lo Gálatas como por ejemplo: G. Walter Hansen, *Galatians*, The IVP NT Commentary Series, Inter Varsity Downers Grove, IL., 1994; Richard Hays, "The Letter to the Galatians," en *The New Interpreter's Bible*, vol. 11, Abingdon Press, Nashville, 2000; J. Louis Martyn, *Galatians* The Anchor Bible, New York, Doubleday, 1997 y Scott McKnight, *Galatians*, The NIV Application Commentary, Zondervan, Grand Rapids, 1995. Así también el comentario en español por el peruano Eduardo Arens, *Han sido llamados a la libertad: La carta de san Pablo a los Gálatas y su actualidad*, CEP, Lima, 2009. Pero todos los comentarios protestantes que he visto en español tienen la interpretación tradicional, incluyendo: E. F. Harrison, "Gálatas" en *Comentario bíblico Moody: Nuevo Testamento*, 2ª ed., ed. E. F. Harrison, Casa Bautista de Publicaciones, El Paso, TX., 1993, pp. 337-352; C. R. Erdman, *Epístola a los Gálatas*, T.E.L.L., Grand Rapids, 1976; Samuel J. Mikolaski, "Gálatas" en *Nuevo Comentario Bíblico*, eds. T. Fafasuli, F. Mariotti, A. Mora, J. Poe, Casa Bautista de Publicaciones, El Paso, TX., 1981, pp. 807-818; Merrill Tenney, *Gálatas: La carta de la libertad cristiana*, T.E.L.L., Grand Rapids, 1968; Howard Vos, *Gálatas: Una llamada a la libertad cristiana*, Publicaciones Portavoz Evangélico, Grand Rapids, 1981.

Pedro había estado comiendo con los cristianos gentiles en Antioquía, pero por miedo de los que enfatizaron la circuncisión él se apartó. Pablo acusa a Pedro y los otros cristianos judíos de no actuar conforme a la verdad del evangelio. Pablo da una imagen que ilustra la verdad del evangelio: un grupo de personas judías y gentiles comiendo juntos en una mesa. El contraste es la imagen de dos mesas. Los cristianos judíos en una mesa dicen a los gentiles que pueden comer juntos si ellos se circuncidan y cumplen con otras tradiciones. Las dos mesas representan una ruptura de la unidad del cuerpo de Cristo. Es especialmente trágica porque significaría que Pedro y los otros no sólo dejaban de comer con los gentiles, sino también que no celebraban juntos la cena del Señor.[7]

Para Pablo la verdad del evangelio es que en Cristo "no hay judío ni griego; no hay esclavo ni libre; no hay varón ni mujer" (3:28). El escribe esta carta a las iglesias de Galacia para tratar de evitar que ellos repitan la tragedia de las dos mesas de Antioquía. Eso no quiere decir que Pablo no trate el tema de la salvación individual. Pero el hecho de que él habla sobre ese incidente en Antioquía muestra que para Pablo el evangelio tiene implicaciones sociales y que él tiene el tema de la unidad de la comunidad cristiana muy en mente cuando él escribe esa carta.

Si usamos el contraste entre la mesa unida y las mesas separadas de Antioquía como una base para entender la carta, en vez de usar el contraste de Martín Lutero antes y después de experimentar el evangelio, entenderemos mejor toda la carta a los Gálatas.

## La carta presenta un evangelio de una nueva creación no solo un evangelio de salvación personal y libertad del legalismo y del sentido de culpa

Si miramos Gálatas simplemente como una discusión sobre el asunto de si un individuo es salvo por obras o por gracia, no notaremos la profundidad y la naturaleza radical del evangelio

---

7 Ver Robert Banks, *Paul's Idea of Community*, Hendrickson, Peabody, MA., 1994, pp. 80-85.

que Pablo presenta en esa carta. Él empieza hablando de "libertad del presente siglo malo" (1:4) y termina hablando de una nueva creación (6:15). (Es muy importante que notemos que aquí Pablo no está usando el concepto de nueva creación para referirse a una sola persona).[8] Con razón Elsa Támez, en relación a Gálatas, habla de libertad de todo tipo de esclavitud.[9]

*Una definición de la religión*

Yo quiero centrarme en la esclavitud a la religión. El evangelio que predica Pablo ofrece más que libertad de las reglas del legalismo. Ofrece libertad de lo que voy a llamar la religión o lo que funciona como el fundamento del legalismo. Uso la palabra "religión" en una forma negativa. Defino la religión como lo que provee medios para complacer a Dios (o los dioses) para que uno pueda recibir algo de Dios o aplacar a Dios para evitar un castigo. La religión también provee medios para separar a los miembros, de los excluidos o no-miembros. La religión está basada en los esfuerzos humanos. En contraste, la fe cristiana está basada en la acción de Dios.[10]

*La religión en Gálatas 4:3-10*

Aunque Pablo no usa la palabra "religión", parece que él sí tiene en mente un poder o fuerza similar a lo que yo llamo religión. Es lo más obvio en el capítulo 4:3-10:

---

8 Al hablar de "nueva creación" uno naturalmente piensa en II Corintios 5:17 que desafortunadamente usualmente ha estado traducido en una manera individualista. Una traducción literal sería: "Si alguien está en Cristo, nueva creación; las cosas viejas pasaron, he aquí todas son hechas nuevas." El traductor o la traductora tiene que decidir que verbos añadir y como interpretar "nueva creación." Pablo no necesariamente estaba pensando sólo en la persona como la nueva creación (criatura).

9 Elsa Tamez, *Contra toda condena: la justificación por la fe desde los excluidos*, DEI, San José, 1991, pp. 93, 147.

10 Esa descripción de la religión está basada en la obra de Jacques Ellul, incluyendo: Jacques Ellul, *Living Faith*, Harper & Row, San Francisco, 1983; *Perspectives on Our Age*, Seabury, New York, 1981, pp. 85-111; *La subversión del cristianismo*, Ediciones Carlos Lohlé, Buenos Aires, 1990; *What I Believe*, Eerdmans, Grand Rapids 1989, pp. 3-9. Ver también: Karl Barth, *La revelación como abolición de la religión*, Ediciones Marova, Madrid, 1973, y Juan Luis Segundo, *El hombre de hoy ante Jesús de Nazaret, Tomo II/2, Historia y actualidad. Las cristologías en la espiritualidad*, Ediciones Cristiandad, Madrid, 1982.

(3) Así también nosotros, cuando éramos niños, estábamos en esclavitud bajo los *stoicheia* del mundo. (4) Pero cuando vino el cumplimiento del tiempo, Dios envió a su Hijo, nacido de mujer y nacido bajo la ley, . . . (8) Ciertamente, en otro tiempo , no conociendo a Dios, servías a los que por naturaleza no son dioses; (9) mas ahora, conociendo a Dios, o más bien, siendo conocidos por Dios, ¿Cómo es que os volvéis de nuevo a los débiles y pobres *stoicheia*, a los cuales os queréis volver a esclavizar? (10) Guardáis los días, los meses, los tiempos y los años.

Los cristianos gentiles de Galacia antes habían seguido religiones paganas (4:8), y ahora convertidos a la fe cristiana están empezando a practicar algunas leyes y tradiciones de los judíos (4:10, 21; 5:2). Pablo describe eso como retroceso. Ellos están volviendo a su situación previa (4:9). Al decir eso Pablo está comparando su obediencia a las leyes judaicas con su práctica anterior de ritos y tradiciones paganas. Obviamente el paganismo, el judaísmo y las enseñanzas de los maestros judaizantes son diferentes. Pero Pablo los coloca al mismo nivel porque todos son usados por los *stoicheia*, o fuerzas elementales, para esclavizar.[11] Pablo lo dice claramente en el versículo tres: que tanto ellos como paganos y Pablo como judío estuvieron esclavizados a esas fuerzas.[12]

Pablo relaciona esas fuerzas elementales (*stoicheia*) y las reglas religiosas (4:8-10). Parece que esas fuerzas se encarnan en

---

11 Los griegos usaban la palabra *stoicheia* para referirse a los elementos básicos o los rudimentos del universo y entonces el contexto determinaba el significado. Yo y muchos otros piensan que esta palabra debe de estar dentro de la lista de palabras que Pablo usa para referirse a los principados y poderes. Ver: Mark D. Baker, "Responding to the Powers: Learning From Paul and Jesus", M.A. Thesis, New College for Advanced Christian Studies, Berkeley, California, 1990. Para una discusión de varias opciones para traducir a *stoicheia* ver James D. G. Dunn, *A Commentary on the Epistle to the Galatians*, A.C. Black, London, 1993, pp. 212-213.

12 Algunos piensan que el "nosotros" en el versículo tres sólo se refiere a "nosotros judíos." La mayoría de los especialistas prefieren un "nosotros" inclusivo (judíos y gentiles). Pero aun si uno prefiere lo primero, no afecta lo que estoy diciendo. En estos versículos Pablo comunica que los dos grupos estaban esclavizados.

o usan las reglas para esclavizar y causar división como vimos en Antioquía. Podríamos decir que el espíritu de la religión o el poder-religión, usa reglas y tradiciones, que pueden ser neutrales o aun buenas y las transforma a lo que yo llamo religión.

Probablemente no nos ayude el tratar de explicar con más detalle la relación entre las reglas, la religión como una fuerza elemental y una tendencia religiosa humana (la tendencia a tratar de ganar algo de Dios por nuestras acciones). Pero podemos afirmar que es la combinación de todo esto y no simplemente una enseñanza equivocada sobre la relación de gracia y nuestras obras, que ha provocado la esclavitud que están sufriendo los Gálatas.

El hecho que Pablo cambie una frase sencilla en este pasaje nos da una prueba más de que la religión es una parte fundamental del problema en Galacia. El escribe: "Más ahora, conociendo a Dios." Pero aparentemente él pensó, "No, yo no quiero decir eso. No quiero darles ni una frase que puedan usar para dar importancia a las acciones humanas en relación al hecho de conocer a Dios." Entonces él escribe, "O más bien, siendo conocidos por Dios." Esa autocorrección por parte de Pablo pone el énfasis en la acción de Dios, exactamente lo opuesto al enfoque de la religión.

### *¿Judíos legalistas?*

Tradicionalmente los cristianos han visto el judaísmo como una religión legalista. Hemos pensado en los fariseos como un grupo que enseñaba que uno es justificado por sus obras, y hemos visto a los judaizantes predicando una mezcla de salvación por Jesús y salvación por obras. Entonces tradicionalmente hemos pensado que en la carta a los Gálatas, Pablo está tratando de corregir una enseñanza equivocada.

Recientemente E.P. Sanders ha argumentado convincentemente que esta concepción del judaísmo está equivocada.[13] En algunos escritos de los judíos podemos ver que no enseñaban una salvación por obras. Escribieron que la salvación

---

13 E.P. Sanders, *Paul and Palestinian Judaism*, Fortress, Philadelphia, 1977, pp. 180, 419-428.

es por la gracia de Dios y que la ley está dada en el contexto del pacto. Su relación con Dios precede la ley. El trabajo de Sanders dice que es imposible que Pablo confrontara una enseñanza de salvación por obras porque esta enseñanza no existía.

Aparentemente el trabajo de Sanders deja destruida no sólo la posición tradicional, sino también la mía. Yo sí acepto el argumento de Sanders que el judaísmo enseñaba que la salvación está basada en la gracia de Dios, pero todavía mantengo que en Gálatas, Pablo atacó un legalismo de justificación por las obras. Esta oración parece contradictoria, pero no lo es. Sanders evalúa lo que está escrito en los textos y no piensa en cómo los textos eran oídos y vividos. Él presume que si el judaísmo oficialmente enseñaba la salvación por gracia, entonces los judíos no tenían problemas con el legalismo. Sin embargo, yo presumo que los humanos naturalmente piensan que necesitan ganar la aceptación y aprobación de Dios y que fácilmente distorsionan un mensaje de gracia y actúan como que si nuestra salvación depende de las obras.

No debemos evaluar palabras escritas aisladamente de la vida. Tenemos que evaluar cómo las personas pueden responder a las palabras. Aunque los textos de los judíos explícitamente mencionan la gracia de Dios, su mayor enfoque es presentar y discutir reglas. Entonces, aunque no enseñan la justificación por obras, los textos son tierra fértil para la religión y el legalismo.

Aunque parece que el trabajo de Sanders destruye mi posición, en realidad la apoya.[14] Yo mantengo que Pablo en Gálatas no sólo está enfocado en corregir una doctrina equivocada, sino que está confrontando poderes de esclavitud del presente siglo malo, incluyendo la religión, que pueden destruir la comunidad cristiana. Con Sanders, y contra la posición tradicional, digo que los maestros judaizantes en Galacia no estaban enseñando explícitamente que los cristianos gentiles tenían que cumplir con ciertas leyes para ser salvos. El problema era que Pablo percibía

---

14 Con eso no quiero decir que él estaría de acuerdo con toda mi posición. Sino estoy diciendo que sus estudios proveen información que apoya mi posición.

que sus enseñanzas fácilmente podían dejar a las personas bajo la esclavitud de la religión. Bajo la influencia de la religión, los Gálatas podrían malinterpretar la importancia de las obras humanas para la salvación y su posición en la comunidad. Entonces, contra Sanders y contra la posición tradicional, digo que si no vemos el poder-religión como un asunto importante que Pablo enfrenta en Gálatas, podemos perder mucho de la relevancia de su mensaje.

**Justificación**

*Definición de justificación*

La justificación por la fe ha sido vista como el tema central de Gálatas. Antes de evaluar su lugar en la carta tenemos que evaluar cómo entendemos la justificación. Tradicionalmente los evangélicos han entendido la justificación como la experiencia personal de perdón y la libertad de un sentido de culpa. Aunque yo voy a decir que esta interpretación está equivocada, es tan aceptada por muchos, que nueve veces en Gálatas la Biblia *Dios Habla Hoy* pone la definición "quedar libre de culpa" como la traducción del verbo *dikaioun* o el sustantivo *dikaosynê* en vez de usar una traducción literal "justificar." Por ejemplo la versión *Dios Habla Hoy* traduce Gálatas 2:16 "Nadie queda libre de culpa por hacer lo que mande la ley de Moisés."[15] Mientras la versión Reina Valera lo traduce: "el hombre no es justificado por las obras de la ley." Aunque Pablo ni menciona la palabra "culpa", al leer esa traducción se pensaría que es un tema central en la carta.

La traducción que usa la versión *Dios Habla Hoy* refleja el entendimiento de la mayoría de los evangélicos. Voy a mostrar que ese entendimiento y esa traducción, están equivocados porque no toman en cuenta las dos mesas de Antioquía (el contexto de la palabra en la carta) y no toman en cuenta el significado hebreo de la palabra (el contexto de Pablo).

---

15 Estas citas son de la versión de 1987. La nueva traducción de *Dios Habla Hoy* está mejor: "que nadie es reconocido como justo".

Pablo usa la palabra "justificar" en el contexto de su discurso sobre el problema en Antioquía. El usa la palabra en una situación de división y confusión sobre quién pertenece a la comunidad cristiana. La pregunta en el momento no era: ¿Cómo puede uno tener paz en medio de los conflictos en su conciencia sobre la culpa personal? La pregunta era: ¿Quiénes pueden tener un asiento en la mesa y por qué?

Entonces, naturalmente nos preguntamos porqué es que Pablo decidió usar una palabra individualista en medio de una discusión sobre unidad y división de la comunidad. La interpretación común de la palabra "justificado" no comunica imágenes de una comunidad, sino uno piensa en un individuo frente a un juez que pronuncia que la persona es inocente. Teológicamente cuando muchos cristianos piensan en "justificación" imaginan a Dios abriendo un gran registro legal y cambiando la posición del nombre de una persona de la lista de los condenados a la lista de las personas declaradas inocentes. Si ese es el concepto que Pablo tuvo de la palabra parece que no seleccionó la palabra adecuada, pudo haber seleccionado una palabra como adopción, reconciliación, o inclusión. Pero es muy probable que Pablo tuviera un concepto diferente de la palabra, un concepto que sí concuerda con la situación.

En el pensamiento judicial moderno la justicia es una norma ética ideal que uno usa para medir las acciones de las personas. Entonces un juez va a los libros de leyes para medir si la persona actuó de una forma justa o no. La justicia es un ideal abstracto que supuestamente evalúa a cada persona con igualdad, en una forma neutral. En contraste, en el pensamiento hebreo la justicia es un concepto de relación. Uno no puede ser considerado justo sólo por su actuación en relación a una lista de leyes. Una persona es justa cuando él o ella cumple con las responsabilidades que tiene con otras personas. No es que el concepto hebreo de justicia no tenía un sentido legal. Pero el pacto entre personas, no un ideal abstracto, es el centro de la justicia para los hebreos. Por ejemplo, Tamar jugaba el papel de una prostituta para engañar a

Judá, algo que sería considerado injusto (contra la ley moral) en sentido occidental moderno. Pero Judá la reconoce a ella como más justa porque él no había cumplido con su obligación (Gn. 38:1-26). Cuando José se dio cuenta que María estaba encinta no pensó en aplicar la ley sino iba a dejarla secretamente para no exponerla a la vergüenza pública. De acuerdo con el concepto de justicia de nuestros sistemas legales lo que él hizo puede ser misericordioso, pero no sería considerado justo. Él ignoró la ley (Dt. 22:23-24) pero Mateo escribe que José tomó esa acción porque él "era justo" (Mt. 1:19). Obviamente Mateo uso el término de manera diferente al el concepto judicial moderno de la palabra. José actuó de una manera que mostró su preocupación para y su fidelidad a María que Mateo relacionó con la palabra "justo".

La diferencia en la manera en que los hebreos pensaron en la palabra es aún más notable en algunos de los salmos. En el concepto occidental moderno si uno ha cometido un delito y quiere que el juez no le ponga una multa muy alta, uno ruega a la misericordia del juez. No apela a su carácter justo. Pero a veces en los salmos, aun reconociendo su falta, el salmista apela a la justicia de Dios. En el sentido judicial moderno los primeros dos versículos del salmo 143 parecerían contradictorios y sin sentido:

> Oh Jehová, oye mi oración, escucha mis ruegos; Respóndeme por tu verdad, por tu justicia. Y no entres en juicio con tu siervo; Porque no se justificará delante de ti ningún ser humano (143:1-2; ver también 143:11-12; 31:1; 71:2).

Estos versículos muestran que en el sentido hebreo, ser justo es ser fiel a un pacto o acuerdo.

*Significado de "Justificación" en Gálatas*

Entonces es probable que cuando Pablo hablaba de justificación, pensaba en relación al pacto con Dios. Para Pablo el ser justificado no significa ser considerado inocente de pecado y estar puesto en relación aceptable con un código de leyes. Ser justificado es ser incluido como un participante fiel en el pacto entre Dios y su pueblo. La justificación significa que uno está en una relación correcta con Dios e incluido en el pueblo de Dios.

Este concepto de justificación tiene mucha relación con el contexto de Antioquía (y Galacia). En Gálatas 2:16 Pablo está argumentando que somos parte del pueblo de Dios, que tenemos un asiento en la mesa, no porque hemos sido fieles al cumplir las obras de la ley, sino porque Cristo ha sido fiel al pacto con Dios, de una manera que Israel no pudo hacerlo.[16] Pablo no sólo está diciendo a Pedro y a los judaizantes de Galacia que ellos habían malinterpretado el hecho de cómo llegar a tener la salvación personal (aunque es parte de lo que Pablo dice); Pablo está diciendo que su lugar en el pueblo de Dios no está basado en acciones humanas, en reglas que dividen, sino en la iniciativa de Dios que une a las personas. Cuando Pedro dejó de comer con los gentiles, él estaba negando esa verdad.

## *Justificación: ¿Tema central?*

¿Es la "justificación por la fe" el mensaje central de Gálatas? Si pensamos en la justificación en el sentido occidental moderno, la respuesta es no. Si la entendemos en el sentido hebreo del Antiguo Testamento, entonces la respuesta es un sí parcial. Sería mejor decir que la palabra "justificado" es una de las maneras que Pablo usa para comunicar su mensaje central en Gálatas. Otras imágenes comunican ideas muy similares. La adopción comunica que la inclusión en la familia de Dios es por iniciativa de Dios (4:5); y libertad de la religión significa que no se necesita cumplir ciertos requisitos para ser aceptado por Dios. Creo que las imágenes más poderosas son los de "nueva creación" y libertad "del presente

---

16 Unas versiones de la Biblia usan la traducción: "fe en Jesús." La traducción, "fe de Jesús" (Reina Valera) es más apropiada en el sentido que pone el énfasis en la acción de Dios y no en la acción humana. Entre muchos artículos sobre la traducción de esta frase ver: Richard B. Hays, "Jesus' Faith and Ours: A Rereading of Galatians 3" en *Conflict and Context: Hermeneutics in the Americas* eds. Mark Lau Branson y C. René Padilla, Eerdmans, Grand Rapids, 1986, pp. 257-280.

siglo malo". El evangelio produce cambios radicales. Ellos, judíos y gentiles, esclavos y libres, mujeres y varones, pueden sentarse juntos en una mesa.

**Una nota sobre Lutero**

Aunque he optado por una definición diferente de la justificación de Lutero, y he criticado la manera en que hemos leído a Pablo por los lentes de Lutero, no quiere decir que estoy en contra de la posición de Lutero en sí. De hecho diría que en su contexto, Lutero experimentó un evangelio que da libertad de la religión. Entonces la experiencia de Lutero cabe muy bien en mi interpretación de Gálatas. Mi crítica en sí no es tanto contra la manera que Lutero interpretó Gálatas en su contexto. El problema es que la interpretación de Lutero ha llegado a ser vista como la interpretación para todo lugar y tiempo cuando en realidad era una interpretación muy contextualizada en cierto momento de la historia. Por ejemplo, no es necesariamente un error el hecho de que Lutero relacionó libertad de culpa con la justificación. El error es que la libertad de culpa ha llegado a ser la definición de justificación de la fe y entonces actúa como una barrera para una comprensión más completa de lo que es la justificación.

**Unidad de la carta**

Los que aceptan la interpretación tradicional que supone que Pablo está escribiendo para corregir un concepto equivocado de la salvación personal, miran la sección de 2:15-5:15 como el corazón de la carta, porque dicen que trata el tema doctrinal. Una desventaja de esa interpretación tradicional es que la hace más difícil captar la unidad de la carta. Muchos de los que comparten este enfoque dicen que en los primeros capítulos Pablo está tratando de afirmar su autoridad. Pero la última parte ética de la carta es difícil incluirla bajo su entendimiento del problema en Galacia. Incluso algunos proponen que había dos problemas muy distintos que Pablo confrontaba en esta carta.[17]

Pero cuando vemos la amenaza a la unidad de la comunidad como la razón por la que Pablo está escribiendo y un evangelio de libertad y nueva creación como el tema central, entonces la carta entera tiene unidad. El tema de la esclavitud a la religión y la división, que eso trae, está en toda la carta (por ejemplo, además de los versículos ya mencionados: 1:13-14; 2:4; 5:11-15; 6:12-13). Y desde el principio al final Pablo enfatiza la iniciativa de Dios, en contraste con la iniciativa humana, como el fundamento de la comunidad cristiana. Si entendemos la justificación como la acción de Dios formando su pueblo, entonces es muy apropiado el hecho que en la última parte de la carta Pablo hable de cómo vivir juntos como miembros de una comunidad. Pablo ha dicho en forma indicativa que en Jesús Dios ha incluido a los Gálatas en el pueblo de Dios. Ahora Pablo ofrece el reto imperativo de vivir en unidad como una comunidad.

### Gálatas 5:13-6:10: ¿En qué sentido es diferente la ética de Pablo a los mandamientos de los maestros judaizantes?

Por lo que hemos visto, hay unidad en la carta, pero todavía puede quedar la pregunta: ¿Cómo es que después de criticar a los otros maestros por su imposición de leyes el mismo Pablo empieza a escribir una lista de imperativos? O podemos preguntarnos, ¿Si Pablo critica a los maestros por llevar a los Gálatas a la esclavitud de la religión, cómo evita hacer lo mismo cuando él habla de la ética?

La verdad es que Pablo no sólo critica a los judaizantes, él también nos ofrece un modelo de cómo hablar de la ética cristiana que es "anti-religiosa", o podríamos decir, que se hace más difícil, por el poder-religión usar su ética para esclavizar a las personas.

La ética de Pablo es anti-religiosa en primer lugar por su contexto. Después de hablar por más de cuatro capítulos sobre

---

17 John Barclay da ejemplos de personas que toman esa posición en, *Obeying the Truth: A Study of Paul's Ethics in Galatians*, T. & T. Clark, Edinburgh, 1988, pp. 9-16.

la verdad de que ellos están incluidos en la comunidad cristiana, no por sus acciones, sino por la acción de Dios, sería difícil para ellos interpretar los imperativos de Pablo como una condición para la inclusión. Este sentido indicativo que da prioridad a lo que ha hecho Dios está presente aún en esta última sección. Antes él escribió que por la fidelidad de Cristo están justificados y son parte de la familia de Dios, ahora escribe que por el Espíritu tienen la posibilidad de vivir como el pueblo de Dios. En su contexto indicativo, los imperativos no son reglas religiosas.

La religión usa reglas para crear líneas de división que distingue a los que pertenecen de los que no pertenecen y para medir el éxito de los miembros. Entonces la religión necesita reglas específicas que puedan evaluar fácilmente si uno está cumpliendo o no. Las pautas que da Pablo no son tan fáciles de medir como las reglas que la religión requiere. En contraste con las normas de los judaizantes no es fácil trazar líneas de división con las normas que propone Pablo.

En vez de dar una lista rígida de reglas, Pablo pone su confianza en la guía del Espíritu Santo (5:25). Y la imagen del fruto del Espíritu contrasta con las obras de la carne, y no sólo en un sentido moral. El Espíritu produce el fruto, las obras son producidas por el ser humano.

Claramente Pablo no está tratando de imponer reglas religiosas. Al final de la carta él deja muy claro que él está hablando de algo totalmente diferente, no sólo de una lista de reglas diferentes. El escribe: "Porque en Cristo Jesús ni la circuncisión vale nada, ni la incircuncisión, sino una nueva creación" (6:15). Es como si él estuviera diciendo: "Si no lo ha entendido todavía, voy a poner esto muy claro, no estoy hablando de cambiar una lista de reglas por otra lista de reglas. Estoy hablando de una realidad nueva."

Esto seguramente pareció muy raro a los que estaban escuchando con una mentalidad religiosa. Podemos imaginarlos pensando, "¿Cómo? ¿Qué dijo? Yo pensé que él estaba en contra de la práctica de circuncidar a los gentiles. ¿Acaba de decir que no es importante si lo circuncida o no?" Todo esto no tenía sentido porque en la religión las acciones de separación y distinción, sí son importantes. Pero en Gálatas Pablo ha proclamado libertad de la esclavitud del poder de la religión y sus reglas de división. Y Pablo ha dicho a los Gálatas que esa libertad, dada por la acción de Dios en Cristo Jesús, da la oportunidad de vivir en armonía como una comunidad de una manera distinta. Con esa libertad del presente siglo malo tienen la posibilidad de vivir en una manera que no es natural. Están libres para "sobrellevar los unos las cargas de los otros" (6:2), en una comunidad donde no hacen distinción entre judío y griego, esclavo o libre, varón o mujer.

**Implicaciones de esta lectura de Gálatas**

Empezamos éste capítulo viendo dos problemas muy comunes en la iglesia evangélica en América Latina hoy, el legalismo y un cristianismo demasiado individualista y espiritualizado. ¿Cuál es la relación de esos problemas hoy y el mensaje de la carta que Pablo escribió a las iglesias de Galacia?

**Gálatas y un evangelio integral**

Al recomendar la lectura de Gálatas para nuestro esfuerzo de promover un evangelio integral no quiero decir que los escritos de Pablo son el mejor lugar a donde ir si uno quiere enseñar sobre el evangelio integral. Mi tesis es que si podemos cambiar la manera en que las personas leen a Pablo (de una interpretación individualista y espiritualista a una interpretación que contiene más preocupación comunitaria) entonces recibirán mejor otras enseñanzas sobre el evangelio integral.

Si podemos llevar a las personas a ver que la preocupación central de Pablo no es la salvación individual y espiritual, sino que su preocupación central es la unidad de la comunidad cristiana que está viviendo en libertad de los poderes del presente siglo malo; entonces tal vez, la preocupación social no se vería como un apéndice al evangelio, y la salvación individual y espiritual sería vista como parte de un evangelio integral.

Yo estoy proponiendo que hagamos una nueva lectura de Gálatas, ya que la forma en que actualmente entendemos la carta funciona como la base del evangelio para muchos, y entonces es una barrera para entender el evangelio de una manera integral. Ese simple hecho ya sería una gran ayuda. Pero Pablo nos ofrece más. Una vez que lo leamos en una manera menos individualista veremos que su ética comunitaria nos lleva naturalmente a preocuparnos el uno por el otro de una manera integral, y su manera amplia y profunda de hablar de la libertad tiene muchas implicaciones sociales.

**Gálatas y el legalismo**

Pensar en Gálatas como una herramienta contra el legalismo no es una idea original mía. Pero normalmente se ha entendido que en Gálatas, Pablo ataca el legalismo, en el sentido que Pablo presenta la salvación por gracia en contra del "otro evangelio" de los maestros judaizantes que enseñaban que uno recibe la salvación por obras. Es correcto decir que Gálatas nos muestra que la salvación es por la gracia de Dios no por obras humanas, pero esa manera tradicional de interpretar Gálatas sólo llega a la superficie de lo que Pablo enseña en esa carta.

Es muy probable que los maestros judaizantes no enseñaran explícitamente que la salvación es ganada por obras humanas. Más probable es que ellos enseñaran que la salvación es por la cruz de Jesús tanto como Pablo enseñaba. En cierta forma podríamos decir que ellos presentaron el "plan de salvación" en una forma correcta. Es más probable que lo que hizo que su evangelio fuera "otro" o estuviera equivocado es que ellos añadieron al evangelio. Ellos comunicaron explícita e implícitamente que los gentiles tenían que cumplir con ciertas leyes y tradiciones de los judíos para ser miembros verdaderos del pueblo de Dios.

Puede parecer que lo que acabo de escribir es contradictorio.

Uno podría decir: "Bueno si ellos enseñaron que uno tiene que cumplir esas cosas entonces predicaron la salvación por obras." Pero en las iglesias evangélicas he encontrado algo que muestra que el párrafo anterior no es contradictorio y también muestra por qué es tan importante que enseñemos y prediquemos Gálatas en la manera que he descrito en este capítulo.

Cuando pregunto a algunos evangélicos qué necesita hacer uno para convertirse o hacerse cristiano, dan respuestas que pone el énfasis en la gracia de Dios y el perdón de los pecados. Pero cuando ellos hablan de la vida cristiana y la iglesia, el énfasis está en lo que uno tiene que cumplir. Oficialmente sí enseñan salvación por gracia, pero viven con un fuerte énfasis en el comportamiento humano, que explícitamente dice que uno no es un verdadero cristiano si no cumple con esas cosas, e implícitamente comunica que la salvación y aceptación de Dios es condicional.

Es interesante que cuando he preguntado a personas que han visitado iglesias evangélicas de vez en cuando, qué se necesita hacer para convertirse o hacerse cristiano, ellos respondieron hablando de comportamiento y de cumplir reglas. Una vez una persona me dijo: "Casi acepté a Jesús en el culto anoche". Pregunté por qué no lo había hecho. Ella me dijo: "porque soy pecadora". Las iglesias comunican mucho más que un párrafo que podríamos llamar el plan de salvación. A esa mujer, y a muchos otros, han comunicado que uno tiene que ordenar su vida antes de ser salvo.[18] Eso debe preocuparnos no sólo porque estamos comunicando mal el evangelio, sino porque muestra que las personas dentro de muchas iglesias en realidad no están viviendo el evangelio.[19] Como los maestros judaizantes, sí hablan de la gracia de Dios, pero

---

18 He hecho esas preguntas a personas en una manera no formal, pero también hice entrevistas de personas de las iglesias evangélicas en un barrio en Tegucigalpa como parte de una etnografía. Los resultados forman el primer capítulo de mi tesis doctoral: Mark David Baker, "Freedom From Legalism and Freedom For Community: A Hermeneutical Case Study of Reading Galatians in a Tegucigalpa Barrio", Duke University, Durham NC, 1996, pp. 18-65. Una parte de esa investigación también está en el libro: Marcos Baker, ¡*Basta de religión!: Cómo construir comunidades de gracia y libertad*.
19 Eso no es totalmente la culpa de las iglesias evangélicas. Las personas que mal entienden el evangelio han recibido sus ideas de otros lugares también. Pero siempre nos muestra una debilidad en las iglesias evangélicas.

lo que Pablo dijo a los judaizantes lo diría a muchos evangélicos hoy: "están enseñando otro evangelio diferente del que hemos anunciado".[20]

Pablo en Gálatas enfrentó no una doctrina totalmente equivocada, pero sí una enseñanza del evangelio que había perdido su verdad porque estaba envuelto en la religión. Esa religión produjo la división y la esclavitud tanto como el legalismo religioso de hoy hace lo mismo. Necesitamos no sólo presentar una doctrina de salvación por gracia.[21] Necesitamos enfrentar abiertamente la tendencia religiosa humana y presentar un evangelio que nos libera de la religión.

Supongo que la mayoría de las personas que lean este capítulo no asisten a iglesias que poseen largas listas de reglas. Entonces podría decir que no estoy hablando directamente de su situación sino más bien estoy invitándoles a unirse conmigo para llevar el evangelio a muchos evangélicos que están oprimidos por la esclavitud de la religión. Eso es cierto, pero el hecho que no asistamos a una iglesia legalista no significa que el mensaje de Gálatas no tiene relevancia para nosotros.

Gálatas nos muestra que las reglas en sí no son el problema. La religión usó una variedad de reglas (paganas y judías) para esclavizar. Cambiar o modificar las reglas no es la solución. Por ejemplo a veces los cristianos que ya se han librado de reglas como no "ir al cine" o "no usar pantalones" muestra una actitud de superioridad por su libertad de reglas igual la actitud de superioridad que otros tienen por cumplir muchas reglas. El mismo énfasis al hablar de justicia y acción social puede llegar a ser "otro evangelio". Un cristiano en una iglesia con ese énfasis puede sentir la misma opresión y esclavitud a la religión que alguien en una iglesia legalista; él o ella pueden también tener el miedo de que Dios y los otros en la iglesia sólo le acepten si es <u>suficientemente</u> activo en cosas sociales y si habla mucho de la

---

20 Paráfrasis de 1:8
21 Richard Hays observa que muchos evangélicos tratan la fe misma o el acto de aceptar a Jesús como una obra aun usando palabras sobre la gracia de Dios. Ver: Hays, p. 278.

justicia.

En Gálatas, Pablo da una advertencia a todos, sobre nuestra fuerte tendencia religiosa y del poder de la religión a esclavizarnos y destruir la comunidad. Pero Pablo también nos presenta el evangelio que produce una nueva creación donde una tiene un asiento en la mesa, está incluido en el pueblo de Dios, no por sus acciones humanas sino por la acción de Dios en Jesucristo. Pablo nos da el desafío de seguir su modelo, reconociendo el poder de la religión. Él pone mucho énfasis en la acción de Dios y sólo después de eso empieza a hablar de la ética y siempre en una forma anti-religiosa. El imperativo nace del indicativo.

Tal vez el desafío más grande que nos da Gálatas es el de ser honestos sobre nuestra propia tendencia religiosa. Pero es un desafío no de acusación sino de invitación a experimentar la libertad de las mentiras de la religión y a vivir como comunidades de amor.

# 4
# Iglesias delimitadas e iglesias centradas en Jesús

Gálatas es una carta de libertad y es una herramienta excelente en contra del legalismo. Sin embargo, es mejor no presentar Gálatas como una epístola que se enfoca en el problema del legalismo ya que pocas personas se auto identifican como legalistas. Entonces si presentamos Gálatas como una carta para legalistas la mayoría de los cristianos van a pensar que es una epístola para otros, pero no para ellos mismos. Un segundo problema es que hay una tendencia a pensar que la respuesta al legalismo es desechar las reglas "legalistas". Pero, como vimos en el capítulo anterior, el problema que confrontó Pablo en Galacia era más profundo que solo tener ciertas reglas equivocadas. Por eso en el capítulo anterior opté por no solo hablar del problema como legalismo sino como religión. Una iglesia puede deshacerse de sus reglas "legalistas" y todavía seguir siendo muy religiosa en el sentido negativo de la palabra. En este capítulo vamos a explorar un concepto que nos ayudará a profundizar en este tema de la religión y será de gran ayuda para entender y aplicar el mensaje de Gálatas hoy.

## Grupos delimitados y grupos centrados

Paul Hiebert, misionero y antropólogo menonita, explica la diferencia entre un grupo delimitado y un grupo centrado para posteriormente hacer una aplicación a la iglesia.[1] En términos generales, el grupo delimitado instaura una lista de características imprescindibles que determinan si la persona pertenece al grupo o no. A cualquier persona que tiene las características o cumpla lo exigido se la considera parte del grupo. Hiebert explica que los grupos delimitados están definidos por una línea divisoria claramente marcada, ésta define si uno es o no es parte del grupo. El grupo tiene carácter de uniformidad porque tiene miembros que cumplen ciertas características medidas y controladas por la línea que delimita al grupo; el cual también tiene carácter estático. La única posibilidad de cambiar es si uno pasa al otro lado de la línea. Como la línea divisoria es la que define el grupo y le da su identidad, un grupo delimitado va a poner mucho énfasis y energía en cuidar dicha línea y mantenerla clara.

El opuesto de un grupo delimitado es un grupo indefinido. Las líneas de división se hacen más borrosas y así es más difícil delimitar las divisiones y excluir a las personas. Sin embargo, al borrar la línea, el grupo empezará a desintegrarse porque aquello que constituyó al grupo como tal ya no está.

En contraposición al paradigma del grupo delimitado y grupo indefinido hay un manera a definir un grupo que es totalmente distinto. El grupo centrado se crea al definir el centro y al observar la relación de la persona con el centro. Asimismo, Hiebert afirma que algunos pueden estar lejos del centro, pero gravitan hacia el centro y por lo tanto forman parte del grupo. En cambio algunos pueden estar cerca del centro, pero alejándose de él y por lo tanto no son parte del grupo. Lo importante es la dirección. ¿Van hacia el centro o van en la dirección opuesta? Así, pues, todavía se puede distinguir entre aquellos que están "adentro" y los que están "afuera", pero el enfoque del grupo está en el centro en sí y no en las líneas divisorias.

**Grupo Centrado**

Uno puede trazar una línea entre los que están en el grupo y los que no están, pero la línea no define al grupo, sino que ella emerge de éste. Si quitamos la línea uno todavía puede distinguir a los que pertenecen al grupo al mirar su relación con el centro.

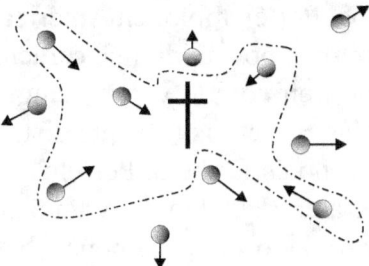

Las personas que están relacionadas con el centro naturalmente tienen una identidad diferente de quienes no están relacionados con lo que está en el centro del grupo. Las personas dentro del grupo no necesariamente tienen características uniformes, pero todas se encaminan hacia la misma meta. El grupo centrado pone su énfasis y energía en mantener relación con lo que está en el centro y no se preocupa de mantener bien marcada la línea divisora porque no es la línea lo que mantiene al grupo como un grupo distinto.

Hay dos tipos de cambios presentes en un grupo centrado. El primero es un cambio de relación, o una conversión, hacia el centro. Ese cambio tiene que ver con cómo la persona entra al grupo; o sea, por tener una relación con lo que es central para el grupo. El segundo tipo de cambio es el movimiento acercándose *al* o alejándose *del* centro. Dicho cambio es dinámico y los miembros no necesariamente caminan al mismo ritmo. Se sigue que va a ver diferencias en los miembros del grupo dependiendo de su distancia del centro. Sin embargo, no importa la distancia del centro si uno está en relación y no le da la espalda. Si la relación con el centro no se quiebra, uno es parte del grupo.

Participamos en grupos delimitados y centrados a lo largo de nuestras vidas. No se trata de que uno de los dos sea siempre negativo y el otro sea siempre positivo. Los dos tienen su lugar. Pero sí hay grupos que operan mejor usando un esquema o el otro. Por ejemplo, los ciudadanos en un país o los miembros de un grupo étnico son grupos delimitados. El hecho de que a veces estos dos no concuerdan son una muestra de cómo estos grupos son definidos. Por ejemplo, en América Latina hay grupos étnicos que se distinguen por su idioma, características y prácticas culturales, su historia en común y por "sangre". Si uno no nace Embera y no tiene las características que distinguen a los Embera de otros grupos, uno no es Embera. Pero los Embera que nacen a un lado de la frontera entre Colombia y Panamá son colombianos y los que nacen al otro lado son panameños. No importa si alguien dice: "no puede ser, somos todos Embera, ¿cómo es que no somos del mismo país?". La línea divisoria de un grupo, los Embera, es diferente de la línea divisoria de otro grupo, aquella que provee de ciudadanía a un país.

Hay grupos que se describen igual pero uno es delimitado mientras que el otro, con la misma descripción, es centrado. Por ejemplo, podríamos hablar de un grupo de aficionados del equipo de fútbol Alianza Lima que pone requisitos para ser miembro, como pagar una cuota anual y asistir a cierto número de partidos y eventos del club de aficionados. Habrán muchas personas que, siendo aficionados del Alianza Lima, no son parte de ese grupo delimitado. Interesantemente se nota que uno en realidad podría ser miembro de ese grupo sin verdaderamente apoyar al equipo, si el grupo no pone un requisito de afirmar su lealtad al equipo. Si pensamos en un grupo centrado de aficionados del Alianza Lima haríamos la pregunta: ¿Cuál es su relación con el equipo? ¿Siempre se alinea con el equipo Alianza Lima cuando juegan? Si uno responde que sí entonces uno es parte de ese grupo centrado, el de los aficionados del Alianza Lima.

**Iglesias delimitadas, iglesias indefinidas e iglesias centradas**

Después de una descripción general de los grupos delimitados, grupos indefinidos y grupos centrados, Hiebert presenta características de una comunidad cristiana delimitada, indefinida y una centrada. El grupo delimitado tendría una lista de las creencias y prácticas "correctas" y aceptaría como miembro a todo aquel que cree y se comporta de modo "apropiado". Se prestaría mucha atención a la tarea de definir y mantener las líneas divisorias que separan claramente al cristiano del no cristiano. En términos de Gálatas, los judaizantes exhibían actitudes atribuidas al grupo delimitado, haciendo preguntas tales como: ¿Se ha hecho circuncidar? ¿Cree usted en las doctrinas "correctas"? ¿Con quién se sienta a la mesa? La peor cosa en una iglesia delimitada, es cruzar la línea y actuar o creer de una manera prohibida por la iglesia.

Al borrar la línea, la iglesia indefinida evita unos de

los problemas de la iglesia delimitada, como la exclusión y la vergüenza, pero a la vez crea otros problemas. Una comunidad indefinida tiene menos sentido de identidad, es más relativista y hay menos cohesión como grupo. Hay menos tendencia de hablar de transformación personal y aun de conversión porque no hay una base para definirla. Así, necesitamos no solo hacer ajustes al grupo delimitado, sino también a la iglesia indefinida. La iglesia centrada ofrece una manera de definir al grupo totalmente diferente que evita los problemas de una iglesia delimitada y de una iglesia indefinida.

Hiebert sostiene que para el grupo centrado, Dios es su centro, en vez de las líneas divisorias. Así, la pregunta crítica es: ¿A quién rinde la persona lealtad y adoración? De acuerdo con lo que se nos dice en Gálatas, bien podríamos imaginar que Pablo haría preguntas tales como las siguientes: ¿Vives de acuerdo con la realidad de la nueva creación instaurada por la acción de Dios por medio de Jesucristo? ¿Has depositado tu confianza en Dios para tu seguridad en lugar de en ciertos ritos y creencias? ¿Hacia dónde te encaminas? Como una iglesia delimitada, una iglesia centrada enfatizaría el evangelismo pero también pondría mucho énfasis en el discipulado -el caminar con Jesús- y el crecer en su relación con Jesús. Lo peor en una iglesia centrada es la idolatría, el poner en el centro de su vida algo diferente a Dios.

Las líneas de división de una iglesia delimitada impiden la honestidad y la sinceridad. A los que pertenecen al grupo les cuesta expresar honestamente sus dificultades por temor de lo que otros piensen y por temor de perder prestigio en la iglesia. Puede ser que las reglas los aten en el sentido de unirlos entre sí, pero también los atan en el sentido de amordazarlos e impedirles compartir la vida desde lo más profundo de su ser. Otra razón por la cual no se relacionan íntimamente es que han adquirido la tendencia a categorizar a la gente en términos de reglas y límites. Todo esto impide la empatía interpersonal. No se sienten libres de amar y ser amados a un nivel profundo. El grupo delimitado tiene un alto grado de uniformidad, pero la unidad de las comunidades es superficial. El hincapié que se pone en el código de moral individual convierte a la iglesia mayormente en un grupo de individuos que intentan cumplir un conjunto de reglas impuestas autoritariamente. Una iglesia delimitada crea una comunidad caracterizada por la aprobación condicional y la ausencia de gracia, temor, falta de sinceridad y empatía, así como un fariseísmo separatista.[2] Una iglesia centrada no evita automáticamente esos problemas. Pero mientras que la práctica del paradigma delimitado contribuye a esos problemas, la práctica del paradigma centrado hace lo opuesto. El paradigma centrado facilita el enfoque en relaciones sinceras y profundas porque su unidad viene de su relación en común con el centro y porque hay espacio de luchas y aún de fallas. Todos reconocen que están en un proceso de acercarse al centro. El método centrado naturalmente lleva a las personas a enfocarse en el centro: Dios. Su seguridad está en su relación con el centro. Una iglesia delimitada puede hablar de Dios como el centro de todo pero el método delimitado naturalmente lleva a las personas a enfocarse en la línea que los define y les da su seguridad.

Como ya dijimos antes, todo grupo necesita algún sentido de demarcación y alguna manera de definir quién pertenece al grupo. Paul Hiebert, sin embargo, pone en claro que un grupo delimitado que fija su mirada en las acciones humanas tiene un carácter distinto al de la comunidad que tiene su mirada en el centro, en lo que Dios ha hecho por medio de Jesucristo para instaurar la comunidad. Para describir a la comunidad cristiana cuya mirada se enfoca en el centro, Hiebert dice:

> Hay una clara división entre el que es cristiano y el que no lo es. La línea divisoria existe, pero se resalta menos la importancia de mantener los límites para preservar la existencia y pureza de la categoría y el conjunto de creyentes. Hay menos necesidad de trazar líneas

---

[2] Doy varios ejemplos contemporáneos de iglesias practicando el paradigma de un grupo delimitado en el primer capítulo de mi libro, ¡*Basta de religión*!: Cómo construir comunidades de gracia y libertad!

divisorias y de excluir institucionalmente a quienes no son cristianos de verdad. En cambio, la mirada está puesta en el centro y la importancia de guiar a la gente hacia él.[3]

## Observaciones sobre iglesias centradas

### No es un cristianismo barato

Es importante hacer unas aclaraciones sobre el paradigma centrado. Una evaluación rápida de los dos paradigmas podría dar que la iglesia delimitada practica una ética seria y una iglesia centrada practica un cristianismo fácil o barato, sin embargo no es así. El seguir a Jesús, tiene implicaciones serias para los que están centrados en Jesús, y la realidad es que el método delimitado produce una ética más superficial. Aunque da la apariencia de exigir cambios serios y significativos, la ética de la gente no tiene carácter colectivo o social. En el plano individual, se hace caso omiso de muchos asuntos éticos importantes que no se pueden codificar en reglas observables objetivamente. Bajo la superficie, mucha gente permanece atada a significativas expresiones de pecado pero si cumple las demandas de la línea de división son considerados buenos cristianos. Las personas en una iglesia centrada pueden arriesgarse a desafíos mayores y profundos sin el temor de lo que va a pasar si no logran un cumplimiento perfecto.[4]

### No es inclusión universal

La iglesia centrada no es como la iglesia indefinida; ya que no solo borra la línea de división, para plantear que todos están incluidos. Es importante que tomemos en serio que el grupo centrado tiene un centro y que la dirección de las flechas en el diagrama del grupo centrado es muy importante. Los que se han convertido, los que están caminando hacia el centro están incluidos;

---
3 Hiebert, p. 28.
4 Para ejemplos de ambos (ética superficial en iglesias delimitadas y transformación profunda en iglesias centradas vea las páginas 28-30 y 276-284 en ¡*Basta de religión!*

los que no se han arrepentido y no están viviendo de acuerdo con el centro están invitados pero no son parte de la familia de fe. No están incluidos hasta que cambian de dirección. Tal vez otro ejemplo sacado del fútbol puede ayudarnos a sentir esa realidad. Un equipo de fútbol que es parte de una liga, que selecciona sus jugadores, que usa uniformes y que pide una contribución mensual para gastos sería un grupo delimitado. Uno tiene que tener suficiente habilidad, tener el uniforme, y pagar la cuota para ser parte del equipo. En cambio sería un grupo centrado si alguien dice que todos los que quieren jugar fútbol están invitados a ir al parque el sábado por la tarde. Llegar al parque muestra su interés (su flecha va hacia el centro que es jugar fútbol). Pero que pasaría si alguien, repetidamente, agarra la pelota y corre con la pelota. Los otros van a decirle que eso no está permitido y si la persona sigue haciéndolo van a decirle que no puede jugar, (su flecha no va hacia el centro, no quiere jugar fútbol y entonces el grupo no va a incluir a esa persona). Entonces, tanto como en ese ejemplo de fútbol centrado se evalúan el comportamiento de los jugadores para ver si en realidad quieren jugar fútbol, también en una iglesia centrada se evalúa el comportamiento de las personas y su relación con Dios, el centro. La iglesia centrada tiene un carácter inclusivo, pero no es inclusión universal.

**No es un rechazo total a las reglas, leyes, imperativos y exhortaciones éticas**

El rechazar el paradigma delimitado no significa rechazar todo uso de reglas e imperativos. Vemos eso claramente en Gálatas. Pablo rechazó la práctica de la iglesia delimitada de los judaizantes. Sin embargo, esto no quiere decir que Pablo no considera que haya ciertos hechos y creencias erradas. En esta carta, claramente se muestra molesto por las acciones y enseñanza de gente a quien él considera equivocadas. Y en los últimos capítulos de la carta a los Gálatas Pablo escribió varios imperativos sobre el comportamiento cristiano. El asunto no es tener o no tener pautas sobre comportamientos apropiados y comportamientos inapropiados. Sino el asunto es cómo las pautas o reglas son usadas.[5] En una iglesia delimitada las acciones están evaluadas para determinar si alguien pertenece al grupo o no. Y, basado en cumplir las acciones, el grupo tiene una actitud de superioridad a los que están al otro lado de la línea. En la iglesia centrada el propósito de una regla sobre el comportamiento no es dividir los buenos de los malos, sino de facilitar el caminar de las personas hacia el centro.

**No son las acciones en sí, el problema**

Ciertas acciones se prestan mejor a ser usadas como líneas de división en una iglesia delimitada. Una iglesia delimitada necesita reglas específicas cuyo cumplimiento sea fácil de juzgar o de medir (p.e. dar el diezmo o no, va a todos los cultos o no, etc.). En contraste hay pautas éticas en la Biblia que no se prestan a la definición de líneas divisorias. Por ejemplo, separar a aquellos que aman a su prójimo o a los que evitan la envidia de aquellos que no lo hacen, no resulta tan fácil. Por eso las iglesias delimitadas no usan ese tipo de imperativos para trazar líneas de división. Sin embargo el hecho de que iglesias delimitadas se enfocan en ciertas acciones no significa que la acción en sí es el problema. Una iglesia puede tratar una acción en una manera muy delimitada y otra iglesia puede enfatizar la misma acción pero hacerlo en una manera centrada.

La cuestión del diezmo nos da un ejemplo concreto. La misma acción tiene un carácter muy diferente en una iglesia delimitada y en una iglesia centrada. En una iglesia delimitada el pastor puede hablar de este asunto como algo que se tiene que cumplir para ser un miembro con privilegios en la iglesia. Es una imposición. Los miembros de la congregación tal vez contribuyan con sus diezmos porque se sienten obligados, pero a la vez van a sentirse superiores y seguros al hacerlo. En cambio, en una iglesia

---

5 En el capitulo nueve de ¡*Basta de religión!* hago varias observaciones sobre lo que podemos aprender de Pablo en cómo exhortar y dar imperativos sin caer en la religiosidad delimitada.

centrada van a hablar del diezmo como una manera de responder a lo que han recibido de Dios y la comunidad de fe. Puede ser que también en la iglesia centrada van a reconocer que dar el diezmo es un acto fuera de lo natural en un mundo esclavizado por el dinero. Movidos y empoderados por el Espíritu, su acto de diezmar es un acto de libertad. Algunos darán para expresar su agradecimiento por lo que han recibido; otros lo harán para expresar la solidaridad que sienten hacia la comunidad; otros no tendrán ningún deseo de dar, pero darán porque reconocen que es bueno realizar este acto tan fuera de lo natural y racional porque es un modo de combatir la esclavitud de mamón. En cada caso, la decisión de dar es algo que brota del corazón.

**Disciplina**

De una manera similar no es que la iglesia delimitada practica la disciplina y la iglesia centrada no la practica. En la iglesia delimitada la disciplina se enfoca en mantener la integridad de la línea de división y la clara diferencia entre los que están adentro y afuera. En la iglesia centrada el propósito de la disciplina es mantener la integridad de la relación entre la persona y el centro, Jesús, y la relación entre la persona y otros en la comunidad de fe. En la iglesia delimitada el simple hecho de poner la persona en disciplina, echarlo afuera, cumple el propósito. En la iglesia centrada no se logra el propósito de la disciplina hasta que la persona haya sido restaurada. Pensando en nuestro diagrama de arriba, si la flecha de la persona ha dado vuelta es apropiado reconocer que ya no está en buena relación con el centro y no está en el grupo. Pero la meta es llevar a la persona a regresar y dar vuelta a su flecha y caminar hacia el centro de nuevo. Entonces la confrontación todavía es parte de la iglesia centrada, pero está basada en amor con el propósito de restauración. Como escribió Pablo en Gálatas: "Hermanos, si alguien es sorprendido en pecado, ustedes que son espirituales deben restaurarlo con una actitud humilde" (6:1).

**Pozos en vez de cercos**

En una región en Australia que es muy árida hay muy poca población y unas haciendas de ganado enormes. Hay dos métodos que se usan para evitar perder ganado de la hacienda. Uno es construir cercos. Pero como son tan grandes las haciendas sale muy caro. Otro método es hacer pozos en el centro de la hacienda. El ganado siempre regresa al centro para tomar agua. En vez de invertir tanta energía en construir y cuidar cercos en iglesias delimitadas, hagamos pozos, enfoquémonos en el "centro", e invitemos a las personas a beber del pozo de Jesús.

# 5

# Jesús libera de vergüenza e integra una mujer a la comunidad,
Marcos 5:21-34

Jesús es el centro de este libro. En el segundo capítulo dije que una importante enmienda para personas con un concepto de Dios distorsionado, es invitarles a mirar a Jesús. Jesús es la manera en que Dios decidió encarnarse y revelarse a nosotros, y es la mejor revelación que tenemos de cómo es Dios. Miramos a Jesús para comprender cómo es Dios. En el capítulo anterior presenté el paradigma centrado como alternativa al paradigma delimitado para las comunidades de fe. Y al centro de una iglesia centrada está Jesús. Al decir "mirar a Jesús" o "centrarnos en Jesús" es bueno e importante, pero deja una pregunta más importante: ¿cómo es Jesús? Y ¿qué implicancias tiene respecto a nuestro concepto de Dios y cómo vivimos como comunidades de fe? Trabajaremos estas preguntas en el resto del libro.[1] Este capítulo y el siguiente se enfocan en textos bíblicos, historias de Jesús. No pretendo que esos dos pasajes den la respuesta completa, ni aun si añadiésemos

---

[1] Trabaje esas mismas preguntas en el libro ¿Dios de ira o Dios de Amor? usando otros pasajes bíblicos. Invito al lector a incluir la lectura de ese libro mientras reflexiona en estas preguntas.

los tres pasajes que use en los capítulos de ¿Dios de ira o Dios de Amor? Pero estos textos nos enseñan mucho y espero que también les sirva como una invitación a seguir leyendo los evangelios preguntándonos nuevamente: ¿cómo es Jesús? Y ¿qué significa para nuestro concepto de Dios y cómo vivimos como comunidades de fe?

Usted está desnudo en la esquina de una calle en la ciudad. Hace esfuerzos inútiles de cubrir su cuerpo con sus manos y buscar un lugar donde esconderse. Todos están mirándolo. En ese instante se despierta. Fue un sueño, pero el sudor de su cuerpo le hace conocer el poder de esta emoción: vergüenza.

La mayoría de nosotros hemos tenido la experiencia de sentir que todos nos están mirando fijamente cuando hubiéramos deseado desaparecer. Estos son momentos de vergüenza: tropezar y caerse de las escaleras, dar la respuesta equivocada en la clase, contar un chiste sin que a nadie le cause gracia. Estas experiencias son inevitables.

Existe también una profunda e internalizada vergüenza que nos hace creer que somos deficientes. Hemos internalizado la imaginaria voz que nos sugiere cosas como: "eres feo", "eres tonto", "hablas mucho", "eres pobre", "eres un fracaso" o "no eres atlético".

¿Cómo Dios responde a nuestra vergüenza? Los Evangelios nos muestran cómo Jesús ha respondido. En Marcos 5:21-34, encontramos a Jesús yendo a la casa de Jairo. Una multitud le estaba acompañando apretándole por todos los lados. Una mujer se metió entre la multitud, metió la mano entre unas personas, tocó por detrás el manto de Jesús y fue milagrosamente curada.

¿Qué conocemos de esta mujer sin nombre? Conocemos que había sufrido mucho. Enferma por 12 años, ella había experimentado la frustración de ir de un doctor a otro buscando la cura. Los esfuerzos sin resultados la habían dejado sin recursos económicos.

Su sufrimiento fue profundizándose por su situación

de persistente enfermedad. Probablemente ella tenía un flujo menstrual inusual. Este flujo de sangre le trajo problemas en su comunidad. Según la ley de Levítico alguien con una herida abierta o con flujo menstrual era considerada "impura" (Levítico 15:25-34). Mientras impura, la persona no podía entrar en el templo. Para la mayoría de las personas esto era un problema temporal; pero para esta mujer era un estado permanente.

Su situación fue aún más complicada por el hecho de que cualquier persona que tuviera contacto con ella, esta persona quedaba impura. Desafortunadamente, ella vivió en el tiempo en que los fariseos pusieron atención especial a estas leyes del templo hasta el extremo de aplicarlo a sus hogares. Por consiguiente, los fariseos y sus seguidores no hubieran permitido entrar a esta mujer en sus hogares. A pesar de que no todos hayan ido hasta este extremo, ella probablemente sufría un estigma generalizado por cómo los fariseos la trataban.

En medio de su sufrimiento físico y económico esta mujer indudablemente cargaba una pesada carga de vergüenza. Después de 12 largos años es difícil imaginarse que esta vergüenza no haya penetrado hasta lo íntimo de su ser. Tal vez ella haya sentido que ella era un problema para todas las personas con las que tenía contacto. No es sorprendente que ella se haya acercado a Jesús por detrás y haya querido tocar su manto secretamente. Llena de vergüenza, ella buscó llamar la atención lo menos posible. A pesar de la confianza en su poder sanador, ella probablemente pensó que él iba a querer evitarla como los otros líderes religiosos. Tocando anónimamente el manto ella evitó confrontación.

Imagine su alegría cuando sintió la sanidad de su cuerpo. Pero esa emoción fue superada por otra emoción cuando ella escuchó las palabras de Jesús, "¿Quién ha tocado mis vestidos?" Cuando ella admitió con miedo que la había tocado, ella tal vez estaba esperando una respuesta con enojo. Pero en lugar de condenarla por haberle contaminado con su impureza, Jesús le dijo, "Hija, tu fe te ha sanado; vete en paz y queda sana de tus enfermedades".

¿Por qué Jesús preguntó quién le había tocado? ¿Para impresionar a los discípulos? Probablemente no. Ellos ya habían visto cosas más espectaculares. Jesús estaba preocupado por la mujer. Primeramente, sanándola públicamente Jesús removió su situación de "impura" y comenzó el proceso de su re-entrada en la comunidad como una persona sana. Aún más importante, Jesús entendió que esta mujer necesitaba más que la sanidad física. Él la removió de su posición de vergüenza y la trajo ante la multitud, no para condenarla sino para ofrecer sus palabras de paz y ánimo.

Las palabras de Jesús habrán permeado en su ser como el agua en el seco suelo alrededor de las sedientas plantas. Por años el sistema religioso la había alienado. Aunque su problema era físico, las miradas de los líderes religiosos la habrán hecho sentir menos como persona, rechazada. Ahora éste maestro, Jesús, ofrece palabras de alabanza por su fe, gentiles palabras de paz que calma su alma, palabras de esperanza que su sufrimiento ha pasado.

Jesús consideró tan importante decir estas palabras a ésta mujer que se quedó y le hizo la pregunta a pesar de que él estaba yendo para ayudar a una persona en urgente necesidad. Con seguridad Dios quiere demostrar la misma preocupación hacia nosotros cuando luchamos con nuestra vergüenza.

Nos hemos enfocado en la manera en que Jesús sanó a esta mujer de su profunda vergüenza para dar atención a un aspecto de esta historia que no siempre miramos. Sin embargo, con esto no quiero insinuar que no fue de gran importancia la acción de Jesús de sanarla físicamente. En realidad lo que vimos en esta corta historia es un ejemplo de la misión integral de Jesús. Él se preocupa no sólo por la parte física de la persona, ni por lo espiritual solamente, sino por la persona completa como un todo. Jesús ayudó a esa mujer físicamente, pues también tuvo implicaciones económicas, le ayudó emocionalmente y le ayudó socialmente buscando su reintegración a la comunidad. También Jesús tocó el aspecto espiritual y religioso de la vida de esta mujer al actuar en una forma muy diferente que los otros líderes religiosos que ella había conocido. Entonces por esta historia Jesús nos revela que Dios no es un Dios de acusación quien aumenta nuestra vergüenza, sino un Dios que nos ama en una forma completa e integral y nos invita a amar a otros en la misma manera.

# 6

# Jesús acepta, perdona y honra a una mujer excluida: amor costoso,
Lucas 7:36-50

---

Imagínese que una persona importante, de alto estatus en su pueblo o vecindario, lo invita a usted a una cena en su casa. Será una cena con otros invitados también. ¡Que honor! Cuando usted toca al portón de la casa a la hora indicada alguien le abre. Increíblemente el dueño de la casa no lo saluda, nadie de la casa le da un beso o le extiende una mano para saludarle. Usted se para en la sala esperando la comida. Nadie le ofrece algo de tomar. El dueño de la casa ni lo invita a tomar asiento en la mesa sino que usted va atrás de los otros invitados cuando la señora de la casa indica a ellos sus asientos. ¿Cómo se sentiría? ¿Qué pensaría?

Jesús tuvo esa experiencia. En Lucas 7:36-50 leemos que él fue invitado con otros a una comida y el anfitrión no lo recibió con las acciones esperadas. Era una gran falta de respeto, un insulto público a Jesús. Lo invito leer la historia antes que reflexionemos sobre ella. Hay tres personajes en la historia, la mujer, Simón el fariseo y Jesús. Vamos a estudiarlos uno por uno.

## La mujer

Sabemos por el texto bíblico que la mujer fue una pecadora de mala fama (7:37, 39, 47). Ella llegó a la casa de Simón con la intención de ungir a Jesús con perfume. No llegó esperando lavar sus pies, no estaba preparada para eso. Hay otras cosas que podemos suponer. Como fue conocida públicamente como pecadora es muy probable que ella fuera una prostituta. Ha sido marginada en su pueblo como pecadora, especialmente por personas tan religiosas como los fariseos. Posiblemente no solo es marginada por ser prostituta, sino que es prostituta porque ya estuvo marginada. Joel Green supone que fue vendida por sus padres a alguien para prostituirla por una situación de crisis económica, o que ella era una mujer sin esposo o relación y por lo tanto no tenía quien la apoyase. Entonces optó por la prostitución como uno de sus pocas alternativas.[1]

Podemos estar casi seguros de que ella tuvo un encuentro con Jesús antes de esa comida. Jesús habla de ella teniendo sus pecados perdonados antes de esa comida (7:47),[2] el hecho que ella venga con la intención de ungir a Jesús también indica un encuentro anterior con Jesús; lo que también indica que fue un encuentro de mucho impacto en su vida. Podemos imaginar que Jesús le había mostrado amor y aceptación, que eran de gran contraste con lo que había experimentado con otros. También, aparentemente, habían hablado de sus pecados y Jesús la perdonó. Conmovida en gran manera esa mujer quiere mostrar gratitud y honrar a ese hombre de quien ella había recibido amor y perdón. Al darse cuenta de que Jesús iba a comer en la casa de Simón, supuestamente llegó antes que Jesús o simultáneamente (7:45).

---

1 Joel B. Green, *The Gospel of Luke*, New International Commentary on the New Testament, W.B. Eerdmans Pub. Co, Grand Rapids, Mich., 1997, p. 309.
2 Hay dos posibles traducciones del versículo 47. Uno comunica que sus pecados han sido perdonados porque ella amó mucho. La otra comunica que ella amó mucho porque sus pecados han sido perdonados. Aunque gramáticamente las dos son posibles, la segunda es mejor porque va en línea con la parábola (7:42-43). Entonces la traducción de la NVI es preferible sobre la Reina Valera. Aún más clara es *La Palabra de Dios Para Todos:* "Te digo que se puede ver que sus muchos pecados le han sido perdonados y por eso ahora me demostró mucho aprecio".

Llegó preparada para honrar a Jesús. ¿Pero qué vio? La persona que ella vino a honrar fue avergonzado e insultado por Simón. ¿Cómo se sentiría usted si estuviera en su lugar? ¿Enojado, triste, escandalizado? Definitivamente conmovida, y tal vez escandalizada o enojada, la mujer toma acciones para mostrar el honor y hospitalidad que Simón le hubiera debido mostrar a Jesús. Como explica Jesús a Simón:

> [44] ... - ¿Ves a esta mujer? Cuando entré en tu casa, no me diste agua para los pies, pero ella me ha bañado los pies en lágrimas y me los ha secado con sus cabellos. [45] Tú no me besaste, pero ella, desde que entré, no ha dejado de besarme los pies. [46] Tú no me ungiste la cabeza con aceite, pero ella me ungió los pies con perfume (NVI).

En resumen, la mujer encontró a Jesús y recibió amor. Sintiendo amor y aceptación ella reconoció su pecado y recibió perdón por Jesús. Habiendo experimentado ese amor y perdón, ella responde con acciones de gran amor y gratitud para honrarlo, después de que Simón lo había insultado.

### Simón

No sabemos porque Simón invitó a Jesús a una comida. Puede ser que la invitación fuese sincera, pero tuvo un cambio de actitud en el momento de recibir a Jesús y no lo trato como un anfitrión debe tratar a un invitado. O puede ser que desde el principio fue una estrategia para insultar y avergonzar a Jesús. Como fariseo, Simón no solo fue muy cuidadoso en cumplir con la ley y las tradiciones de los judíos, aun sobrepasando lo que era, sino que también este grupo trató de motivar a otros a seguir estas prácticas. Simón y los fariseos practicaron lo que llamamos el paradigma delimitado en el capítulo cuatro de este libro. Ellos usaron una estrategia de amenazar a las personas con desaprobación y exclusión, para presionar a otros a vivir vidas de piedad de acuerdo con la definición de ellos mismos.

Simón muestra esa estrategia de desaprobación y exclusión en sus acciones y actitudes hacia Jesús y la mujer. Muestra, claramente, una actitud de superioridad juzgándolos como inferiores, estando del lado equivocado de su línea divisoria, de comportamientos aceptables y no aceptables. Es importante reconocer que, aunque para nosotros es fácil considerar a los fariseos como equivocados y "malos", en aquel tiempo, en ese contexto, la gente hubiera visto a Simón como una muy buena persona. Ellos hubieran estado de acuerdo en su actitud hacia esa mujer pecadora, así como en sus preguntas sobre porqué Jesús dejó a ella hacer lo que hizo en sus pies.

Era aceptado que las personas no invitadas podían llegar y observar una comida. Aún fue visto como cuestión de honor que algunas personas quisieran hacerlo. Puede ser que el anfitrión les diera comida después, pero no participando de la comida en la mesa con los invitados.[3] Sin embargo la presencia de una mujer pecadora como ella en la casa de un fariseo era una situación anormal, y sus acciones, especialmente la acción de soltarse su cabello, cruzaban las líneas de un comportamiento aceptable. Para una mujer, en aquella cultura, soltarse el cabello era una acción íntima que hacía a lo privado. Todos los presentes, no solo Simón, fueron sorprendidos con el hecho de que Jesús dejó a aquella mujer marginada continuar con esas acciones escandalosas.

Pensemos ahora en la parábola. Todos los presentes habrán entendido que en ella la persona con la gran deuda representaba a la mujer, quien era una gran pecadora, y que la persona con la deuda pequeña representaba a Simón, el fariseo, con poco pecado. Y podemos pensar que Jesús está afirmando lo mismo, es decir que Simón ha pecado muy poco. Sin embargo es importante notar que en el versículo 47 Jesús dijo: "Pero a quien poco se le perdona".

---

3 Kenneth E. Bailey, *Jesus Through Middle Eastern Eyes: Cultural Studies in the Gospels*, IVP Academic, Downers Grove, Ill., 2008, p. 246.

Eso puede significar que Simón ha pecado muy poco, pero podría significar que él ha sido perdonado poco porque él ha pedido perdón muy poco. Es cierto que la mujer ha experimentado más perdón, pero puede ser en parte porque ella se ha arrepentido más que Simón. No estoy argumentando que Simón es, en realidad, más pecador que aquella mujer, sino enfatizo que tal vez la gran diferencia entre ellos no es tanto la cantidad de pecados cometidos, sino en la actitud de humildad y arrepentimiento distinta de los dos.

En resumen, Simón no reconoce su pecado, y por eso experimenta poco perdón y muestra poca gratitud. Simón juzga a otros, mantiene una actitud de superioridad sobre otros. Su estrategia para promover una transformación de comportamiento es la amenaza de desaprobación y exclusión.

### Jesús

Jesús practica una estrategia opuesta a la de Simón. La estrategia de Jesús es la inclusión, el amor y el perdón. Esa estrategia es muy obvia en las acciones de Jesús hacia la mujer y también en relación a Simón. Primero notemos que Jesús acepta la invitación y va a la casa de Simón. Muchas personas, inclusive cristianos, se asocian con los buenos y evitan a los malos. Jesús no practica el paradigma delimitado que incluye a unos y excluye a otros.

Al decir que Jesús practica una estrategia de inclusión no significa que él aprueba todo tipo de comportamiento. Jesús mostró amor y aceptación hacia la mujer, pero el hecho de hablar de su perdón comunica que él consideró algunas de sus acciones como pecados. También vemos esa realidad en cuanto a Simón. Jesús lo confrontó, pero por amor y con una intención inclusiva. Después de que Simón maltrató y avergonzó a Jesús él podría haberse ido de la casa, pero se quedó; pensando más en Simón que en su propio honor. Jesús lo confrontó directamente, pero no severamente. Jesús confrontó a Simón de una manera creativa usando una parábola y preguntas.

¿De qué manera es motivada por amor esta confrontación? Mientras Simón siga mirando a otros como inferiores, para que él pueda sentirse superior, él no va a reconocer su pecado y no va experimentar perdón. Mientras no deje su práctica del paradigma delimitado, no va a experimentar verdadera comunión y aceptación. Jesús quería que los dos, la mujer y Simón, pudieran vivir como las personas que Dios había creado para ser libres, y en comunión auténtica con otros. Pero Jesús usó maneras diferentes de expresarles amor y ayudarlos. Jesús encumbró a la mujer, ella lo necesitaba, y puso en su lugar a Simón, pues él también lo necesitaba.

Cuando la mujer de mala reputación empezó sus acciones sorprendentes, hasta escandalosas, Jesús tenía varias opciones. Si se enfocaba más en su propia reputación y quería guardar su honor, él hubiera rechazado las acciones de la mujer o hubiera pedido disculpas por sus acciones. Hubiera podido rechazarla o darle una patada con los pies que ella estaba lavando, insultarle y decirle "vete". O también hubiera podido pedir disculpas diciendo algo como: "Señores, les pido disculpas por esta situación penosa. Sí es cierto que yo, de vez en cuando, como con pecadores, pero siempre trato de hacerlo en privado. Yo también pienso que lo que ella está haciendo es muy inapropiado y fuera de lugar. Es importante que mantengamos el orden y que estas personas pecadoras aprendan a comportarse mejor".[4] Si Jesús hubiera optado por una de esas opciones, él hubiera protegido en algo su honor, ¿pero cómo se hubiera sentido la mujer? Ella hubiera sentido aún más el rechazo que antes. Hubiera sentido que el amor, la aceptación y el perdón de Jesús no fueron sinceros.

Sin embargo Jesús no actuaba pensando en su reputación. Por el contrario, al costo de su propio honor, él no rechazó a la mujer y más bien la defendió. Y no solo la defendió, sino qué con

---

4 He adaptado esas posibles oraciones de Bailey, *Jesus through Middle Eastern eyes*, p. 255.

sus últimas palabras la honró: "Tus pecados quedan perdonados... Tu fe te ha salvado, vete en paz" (7:48,50). Antes de que Jesús hablase, todos los ojos estaban puestos en la mujer, ojos de acusación tratando de avergonzarla. Pero cuando comenzó a defenderla, él se convirtió en escándalo y no ella. Los ojos de acusación se trasfirieron hacia Jesús. Él cargó la vergüenza en su lugar.

Notamos dos cosas significativas. Primero, Jesús no solo se preocupaba por la experiencia individual de la mujer de perdón y aceptación. Ella ya sabía que fue perdonada. Jesús la defendió y pronunció públicamente aquellas palabras de perdón y honor (7:48,50). Porque no solo hizo énfasis en la experiencia de perdón individual, sino que en su restauración a la comunidad del Pueblo de Dios.[5] Especialmente si pensamos en *"Shalom"*, palabra del hebreo que se traduce como "paz", podemos decir que Jesús quería su bienestar en una forma amplia e integral.

Segundo, cuando Jesús defendió a la mujer, en vez de buscar proteger su propio honor, "demostró un amor no esperado y costoso".[6] Preguntamos arriba cómo la mujer se hubiese sentido si Jesús hubiese pedido disculpas o hubiese rechazado sus acciones. Ahora reflexionemos en cómo la mujer se sintió cuando Jesús le mostró ese amor que le costó honor y prestigio a él. Ella se habrá sentido aún más afirmada, más aceptada, y con menos vergüenza que antes. Esta historia es una precursora de la cruz. En esta historia Jesús amaba tanto a esta mujer que estaba dispuesto a padecer vergüenza para que ella no tuviera que hacerlo. En la cruz, la última demonstración del amor costoso, vemos que Dios nos amaba tanto que estaba dispuesto a morir por nosotros. En la cruz Jesús tampoco buscaba proteger su propio honor. Sino que padeció gran vergüenza por seguir defendiendo el honor de las personas de aquellos días, como aquella mujer, y para que nosotros no tengamos que cargar con nuestra vergüenza.

---

5 Green, *The Gospel of Luke*, p. 314.
6 Bailey, *Jesus through Middle Eastern eyes*, p. 257.

## Respondiendo

Le invito a responder de cuatro maneras en un tiempo de reflexión y oración.

1. ¿Cuáles son las cosas que ha hecho, o las que no, que le hacen sentir culpa o vergüenza? Lo invito a venir a Jesús como esa mujer y reconocer esos pecados, arrepiéntase y pida perdón. Jesús lo perdonará.

2. ¿Cuáles son las maneras en que usted siente el rechazo de otros? ¿Qué se siente sentir vergüenza en frente de otros? Imagínese con personas que le hacen sentir vergüenza o rechazo. Ahora mire a Jesús. Imagínese que usted está en una comida con Jesús y con esas personas ¿Qué le dice Jesús?

3. ¿Cómo está llamándolo Dios? Hemos observado como la mujer respondió en una situación en que otra persona estuvo siendo deshonrado y avergonzado. Ello le mostró respeto, amor, y honor. ¿Quiénes son las personas que usted conoce que sufren rechazo y vergüenza? ¿Cómo puede usted mostrarle amor y honor? ¿Cómo puede ayudarlas a sentirse incluidas en una comunidad del Pueblo de Dios?

4. Lo invito a responder a Dios con alabanza y gratitud, por el perdón y la inclusión que usted ha recibido, y por el amor costoso de Jesús.

# 7

# Dos narrativas fundamentales de la cruz: cómo ellas afectan al evangelismo[1]

Una explicación sobre la salvación muy común en el evangelismo, se enfoca en el tema de la culpa. Por la cruz una persona puede experimentar libertad de la culpa ¿Qué pasa si la persona no está sufriendo de carga de culpa? ¿Qué pasa si una persona lleva más una carga de vergüenza? O, ¿qué pasa si una persona no siente una gran culpa pero sí tiene miedo a la acción de fuerzas malignas en su vida? ¿Qué pasa si una persona siente que la vida no tiene propósito? ¿Cómo responderían esas personas a un evangelismo que se enfoca en la culpa? Recientemente observé unos videoclips de personas usando un método particular de evangelismo que se enfocaba en la culpa.[2] Las personas evangelizadas entendieron los conceptos, pero no se sintieron culpables. Ellos no buscaron ninguna solución a la culpa. Entonces el evangelista hizo muchas preguntas sobre posibles pecados que

---

[1] Este capítulo es una versión revisada de un ensayo publicado en *Mission Focus: Annual Review*, vol.15, 2007: 26-38. Gracias a Rafael Zaracho y Gustavo Delgadillo por su ayuda en la traducción y revisión del artículo.

[2] http://www.wayofthemaster.com/watchwitnessing.shtml. Visitado el 5/10/07.

ellos habían cometido. Me da la impresión que más que presentar el evangelio de forma que esté conectado con las necesidades reales de las personas, el evangelista usó la estrategia para crear un sentido de necesidad. Estos tratan primero de hacer sentir culpable a las personas de tal modo que después pueda dar la solución al problema de la culpa. Viendo estos videos me viene la pregunta, imagine ¿cuán diferente sería si en lugar de tratar de hacerles sentir culpa, el evangelista hiciera preguntas que los ayude a conectar el evangelio con las necesidades y deseos de las personas?

Existe un número considerable de cosas que pueden contribuir a un evangelismo que nos lleve a una falta de conexión. Un importante factor que contribuye a esto es ver la teoría de satisfacción penal como la única explicación en cómo la cruz provee salvación. En el Nuevo Testamento, el lenguaje legal de justificación es una de las numerosas imágenes usada para proclamar el significado salvífico de la vida, muerte y resurrección de Jesús. Sin embargo esta imagen, en la forma de teoría de satisfacción penal, se convirtió para muchos en la única forma de entender cómo la cruz salva. Cuando alguien tiene sólo esta explicación en su "caja de herramientas" sobre el evangelio, esto guía a situaciones como las que he descrito.

Los escritores del Nuevo Testamento usan una variedad de imágenes y modelos para proclamar el significado salvífico de la cruz y la resurrección, incluyendo: redención, reconciliación, victoria-triunfo, justificación, sacrificio y rescate.[3] Ellos usan diferentes imágenes para diferentes situaciones pastorales, para diferentes audiencias y diversos contextos. También ellos usan una variedad de imágenes, porque ninguna de ellas puede capturar la realidad completa de la cruz.

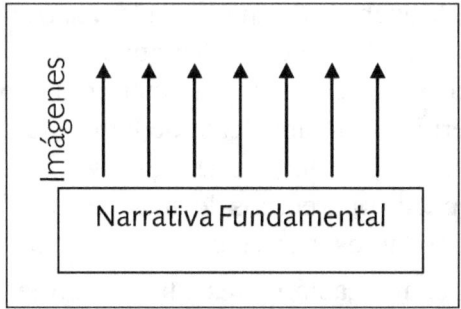

La narrativa fundamental es más amplia y más profunda que una imagen. Las muchas imágenes representadas por las flechas en el diagrama encuentran lugar dentro de la narrativa fundamental que explica cómo la cruz y la resurrección proveen salvación. En este capítulo usaremos el término de narrativa fundamental para referirnos a la historia en que está basada la explicación de cómo la cruz y la resurrección proveen salvación. En esencia, la teoría de satisfacción penal ha tomado una imagen y ha hecho de ella una narrativa fundamental. Esto es como tomar una de las flechas del diagrama y girarla hacia abajo, de tal manera que ahora la flecha se convierte en la narrativa fundamental como en el segundo diagrama.

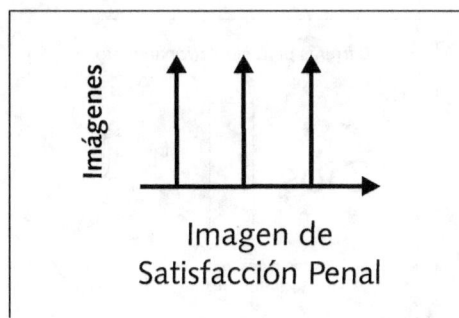

Esto no tendrá la anchura para dar lugar a todas las imágenes. Aunque habrá espacio en los costados de la flecha para soportar otras pocas imágenes, aunque ellas terminaran comunicando algo muy similar a la imagen usada como fundamento. Una sola imagen no tiene la anchura de una verdadera narrativa fundamental para soportar diversas imágenes. Ninguna narrativa fundamental de la expiación puede capturar totalmente la profundidad de la cruz, pero en términos de una "caja de herramientas" metafórica, necesitamos trabajar para tener una narrativa fundamental, o bien que esta "caja" pueda proveernos de una rica variedad de imágenes o recursos, que podamos usar en el evangelismo.

Es una equivocación presentar la teoría de satisfacción penal como la única explicación de la expiación, de tal forma que aparta y distorsiona a las otras imágenes y modelos de expiación. Algunas versiones de la teoría de satisfacción penal, especialmente expresadas a nivel popular, contienen numerosos problemas que nos lleva a preguntarnos si esta teoría debería incluirse en la "caja de herramientas". No exploraré ello en este capítulo, sino que me enfocaré en proponer una narrativa fundamental alternativa.[4] Primero, voy a presentar la narrativa fundamental producida por el modelo de satisfacción penal, como es comúnmente articulado a nivel popular, y sus resultados.

### Teoría de satisfacción penal como narrativa fundamental de la salvación

Los humanos son pecadores, y nuestros pecados son una barrera para tener relación con Dios, porque esto comprometería la pureza y santidad de Dios. Porque Dios es un justo Dios y la justicia demanda un adecuado castigo por la ofensa, Dios no puede simplemente perdonar nuestros pecados.

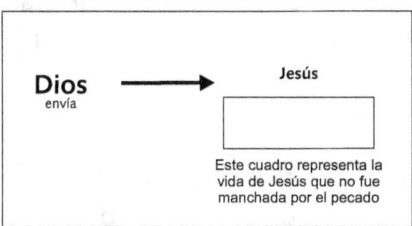

Dios envió a Jesús a la tierra para remediar esta situación viviendo una vida sin pecado y...

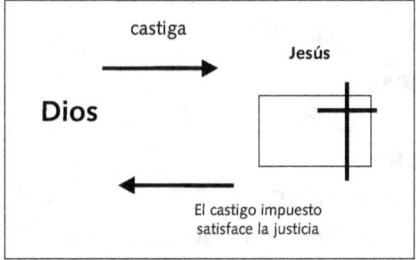

muriendo en nuestro lugar. Porque Jesús vivió sin pecado, él es capaz de tomar nuestro lugar y sufrir el castigo que merecemos: la muerte. Por medio de castigar a Jesús en la cruz, Dios ha impuesto el castigo que la justicia demandaba.

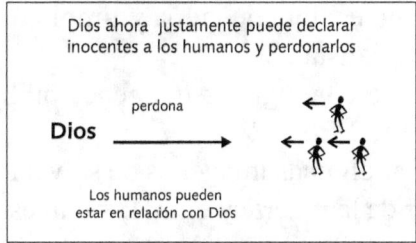

La justicia ha sido satisfecha, y Dios ahora justamente puede declararnos inocentes y perdonar nuestros pecados. La barrera ha sido removida, los humanos ahora tienen la posibilidad de entrar en una relación con Dios, si ellos reconocen sus pecados y piden perdón, a conciencia de que esta posibilidad ha sido provista por gracia a través de la muerte de Jesús en su lugar.

**Evaluación**

Usando simples diagramas como los de éste capítulo he contado esta historia a numerosos grupos y les he preguntado: ¿Cuáles son los aspectos positivos y negativos de usar este modelo como narrativa fundamental de como Dios provee salvación por medio de la vida, muerte y resurrección de Jesús? Lo que sigue es una lista de lo que comúnmente recibo como respuesta.

**Aspectos positivos:**
- Toma el pecado seriamente.
- Es claro y lógico.
- Es corto y fácil de entender.
- Es efectivo quitando el sentido de culpa.

**Aspectos negativos:**
- No incluye la resurrección.
- La vida de Jesús, como él vivió, lo que hizo y dijo, no es parte de la narrativa fundamental. En relación a su vida la narrativa fundamental sólo nos dice que él no cometió pecado.
- La salvación no está conectada con la vida y la ética (sólo se enfatiza que uno es libre de culpa y limpio del pasado).
- Es muy individualista.
- Está en conflicto con algunas imágenes bíblicas de Dios (por ejemplo: Lc. 15; 2 Co. 5:18).
- Es difícil ubicar algunas imágenes de salvación, como victoria sobre el poder de la muerte y el mal; y con éste como narrativa fundamental, todas las imágenes terminan siendo relacionadas con la culpa y el estatus legal del individuo (así por ejemplo el sacrificio es entendido por los lentes de esta narrativa como pago y aplacamiento de ira).
- Tiene una limitada visión del pecado (individual, trasgresión

moral).
- Puede llevar a las personas a separar a los integrantes de la Trinidad (y degenerar al punto que algunas crean que Jesús vino a salvarnos de Dios).
- Puede llevar a las personas a ver a Dios como una airada figura que debería ser calmada o aplacada.
- Enfatiza el castigo retributivo sobre la justicia restaurativa, y puede sustentar el mito de la violencia redentora.[5]
- Es difícil de entender en algunas culturas.
- Es lógico para unos pero no siempre comprensible para otros.

Es significativa la lista de cosas negativas que limitan y dificultan el evangelismo y el discipulado. Necesitamos dejar de usar esta imagen como la narrativa fundamental y en su lugar comenzar a usar una narrativa fundamental más amplia. Necesitamos ubicar el lenguaje legal del Nuevo Testamento en su lugar, y luego verla como una de tantas imágenes para proclamar el evangelio. En ese proceso necesitamos sacar la metáfora legal del N.T. fuera del contexto de nuestro sistema judicial, e intentar interpretarlo con los lentes del entendimiento hebraico de justicia.[6]

**La vida de Jesús como narrativa fundamental de la salvación**

Desarrollando esta narrativa fundamental alternativa, busqué poner la vida de Jesús en el centro, más que desarrollar una teoría acerca de los mecanismos en cómo la cruz y la resurrección proveen salvación. Luego construí un relato que sustente esta teoría, intenté que la vida de Jesús nos muestre el camino para

---

[5] Para una profunda investigación y discusión de cómo influenció la comprensión de la expiación en la práctica penal y legal y cómo las articulaciones de expiación han influenciado en las perspectivas y las prácticas de castigo ver: Timothy Gorringe, *God's Just Vengance: Crime, Violence and the Rhetoric of Salvation*, Cambridge Univ. Press, Cambridge, 1996.

[6] Para una explicación de la comprensión de justicia desde el punto de vista hebraico y para una discusión de las implicancias para interpretar el lenguaje paulino de justificación ver: Mark D. Baker & J. Ross Wagner "Reading Romans in Huricane-Ravaged Honduras: A Model of Intercultural and Interdisciplinary Conversation," *Missiology* # 32, July-2004: 367-387, y la sección "Justificación a través de la obediencia fiel de Jesús" del capítulo 9 en este libro.

entender la cruz y la resurrección. Usé intencionalmente el término de "narrativa fundamental" para enfatizar que ésta no es una imagen de salvación. No estoy buscando privilegiar una imagen sobre otra. Esta nueva narrativa fundamental va a permitir una variedad de imágenes que resaltan y proclaman aspectos de esta.

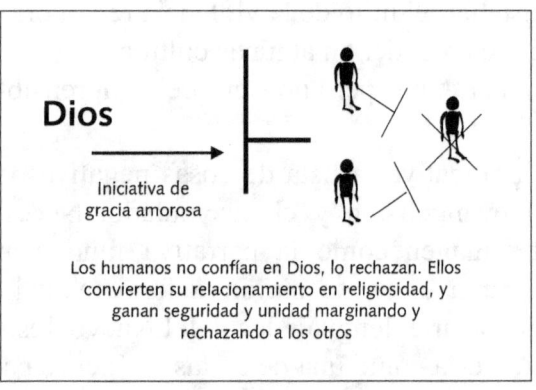

Dios creó la tierra y el cosmos y lo declaró bueno. Los humanos, creados a imagen de Dios, tuvieron un lugar especial en la creación y una relación especial con Dios el creador. Sin embargo los humanos no confiaron en Dios y le desobedecieron. Dios, desde el Edén, amorosamente ha tomado la iniciativa hacia los humanos. Sin embargo, los humanos no hemos confiado en Dios y hemos rechazado su iniciativa. Hemos buscado seguridad en la religiosidad por medio de esfuerzos humanos en lugar de una relación con Dios, así como se ha tratado de alcanzar estatus y seguridad a partir del sometimiento y rebaje de otros, a menudo en forma violenta.

Dos narrativas fundamentales de la cruz 103

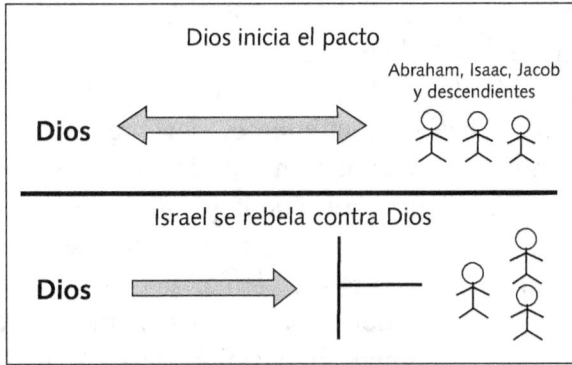

Dios inició una relación de pacto especial con Abraham, Isaac, Jacob y sus descendientes. Dios prometió bendecirles y a partir de ellos bendecir a otros. Dios proveyó al pueblo de Israel dirección por medio de la ley y los profetas. También les proveyó de sacerdotes y una variedad de sacrificios como medios para restaurar su relación con Dios cuando pecaban y no eran fieles al pacto. Israel se rebeló repetidamente contra Dios y el pacto, y sufrieron las consecuencias de no confiar y obedecerlo. Sin embargo Dios fue fiel a su pacto con Israel. A veces los castigo con el propósito de restauración, y muchas veces sufrió y soportó el dolor de su rechazo y los perdonó.

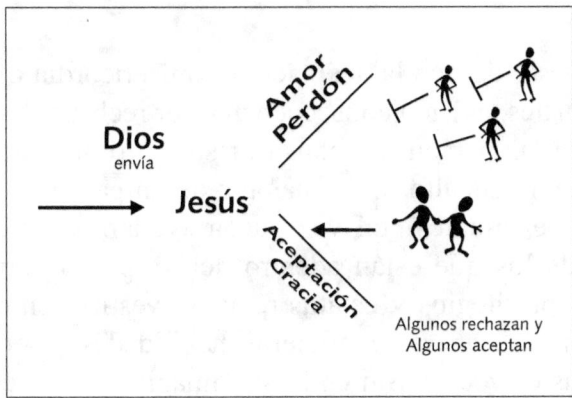

Dios envía a su hijo Jesús a vivir con fidelidad al pacto

que Israel no había cumplido. En contraste con los otros humanos, Jesús mantiene una relación de confianza y obediencia con el Padre a quien él llama Abba. Es por Jesús que Dios continúa comunicandose encarnacionalmente, por medio de palabras y hechos, amor, perdón, aceptación y gracia. (En los diagramas las líneas que se extienden a través de la palabra "Jesús" representan sus brazos abiertos para abrazar con amor.) Jesús invita a la conversión. Él invita a otros a confiar y creer que Dios es un Dios de amor que está del lado de ellos, para que se tornen al arrepentimiento y cambien su posición de rechazo hacia Dios. Jesús los invita y desafía para vivir según el camino de Dios. Algunos aceptan y otros rechazan a Jesús y su amorosa invitación.

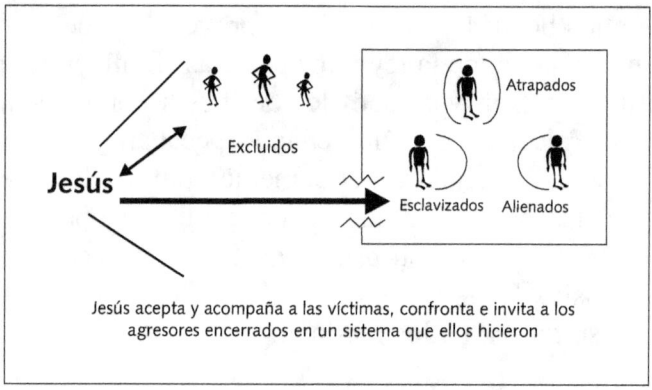

A pesar de que la aceptación y misericordia ofrecida son incondicionales, existen consecuencias por rechazar la invitación. Esto lleva a las personas a construir su muro de seguridad y de exclusión aún más alto. Una analogía de un parque de juegos de un "jardín de infantes" tal vez pueda ayudarnos en este punto. Ser parte de los que están adentro del grupo con aquellos que tienen más privilegios y estatus requiere vestirse en otra forma, actuar de cierta manera, tener ciertas habilidades, y ser amigos de las personas correctas. Sin embargo, imagine que si el niño más popular viniera un día y dijera: "las cosas van a ser diferentes en el parque de juego ahora, vamos a permitir que todos jueguen, no se preocupen, todos van a estar incluidos", ¿qué pasaría si alguien dijera "No, nosotros no queremos que los otros se nos unan"? Estos que excluyen necesitarían trabajar aún más duro para excluir y mantener su estatus. En este proceso ellos tenderán a encerrarse aún más. Así sucedió con aquellos que rechazaron a Jesús. Ellos se encerraron a sí mismos dentro un sistema que crearon. Como ellos excluyen a otros, ellos viven bajo la presión de, y se esclavizan a, sus reglas y tradiciones. Viven con el Dios de acusación que ellos mismos crearon. Los muros que excluyen a los de afuera, y da estatus a los de adentro, también creó un ambiente de alienación con privación de libertad y autenticidad.

Jesús confronta estos sistemas y estructuras de exclusión por medio de su acción y por medio de sus parábolas de juicio. Sin embargo, gentilmente, continúa con una postura de abierta invitación a diferentes realidades aún para los opresores. Jesús toma la iniciativa, incluye y abraza a las víctimas, a aquellos que han sido excluidos y rechazados.

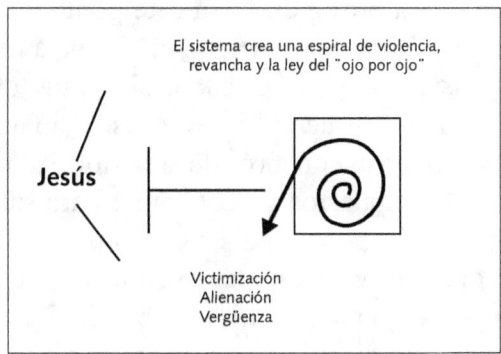

Iniciativa tras iniciativa, Jesús continúa con una aceptación radical. Pero las personas continúan rechazando el llamado que él hace a incluir a todos a su mesa. Se empecinan en seguir actuando dentro de su sistema de "ojo por ojo", siempre buscando ventajas, y buscando venganza y revancha. Esta espiral de violencia, y el "a ver quién es el mejor", produce alienación, vergüenza y victimización.

Sectores de la sociedad, usualmente en tensión unos con otros, se unen y atacan a Jesús. Sin embargo, él no responde desde la postura que incitó el enojo de las personas y poderes que lo amenazan. Él no quita su aceptación e inclusión de los marginados y excluidos, sino que está en solidaridad con los victimizados hasta el punto de la muerte. Quiero hacer una pausa en la narrativa por un momento para profundizar en este punto. Las historias de los evangelios son tan familiares a nosotros que a menudo no nos detenemos a pensar que podrían haber sido muy diferentes. Por ejemplo, en el inicio de Lucas 15, Jesús escuchó a los fariseos y escribas que lo criticaban con aires de superioridad por comer con los recolectores de impuestos y pecadores. Para salvar su honor, en el momento, Jesús podría haberse comprometido a cambiar su estilo de vida, u ofrecer alguna excusa de por qué él estaba comiendo con estas personas. En cambio invita a los fariseos y saduceos a unirse a él quitando la barrera de exclusión y que vengan a la mesa. También cuando las cosas iban poniéndose cada vez más tensas y enfrentaba la amenaza de la muerte, él podía haber abandonado sus compromisos y prácticas para tratar de salvar su vida: Él no lo hizo, él estaba tan comprometido con los marginados y tan identificado con los victimizados, que él sufrió el acto supremo de exclusión y victimización, una vergonzosa muerte de cruz. Jesús no se acomodó en su manera de actuar, no trastocó la forma en que habló acerca de Dios y el reino de Dios para acomodarse al *statu quo* del día. En el momento de ser azotado por la violencia, en la punta de la espiral de revancha, rechazo y victimización, Jesús no respondió con violencia. Este accionar de Jesús fue el que detuvo el ciclo de violencia.

En este punto del relato, mirando a Jesús en la cruz, una cantidad de cosas logran ser más claras. Es un acto de revelación lo que tiene efecto salvífico. La cruz, a través de Jesús, revela a un Dios quien nos ama, quien está comprometido con nosotros y nuestra salvación, hasta el punto de la muerte. Por el contrario, aunque los principados y poderes pueden presentarse enmascarados como fuerzas en favor del buen funcionamiento de la sociedad, la cruz los expone como lo que realmente son.

La cruz también revela la profundidad del pecado humano y alienación. La cruz muestra gráficamente el resultado final de nuestro estilo de vida del "ojo por ojo", nuestra religiosidad de exclusión, y nuestra búsqueda de unidad victimizando a otros y encontrando un enemigo común. Los humanos rechazaron y mataron al Dios encarnado. Los humanos rechazaron y mataron al hombre que vivió auténticamente como Dios lo ha creado para que viva. ¿Cómo respondió Dios a este gran pecado? Es claro que tanto el Padre como el Hijo habrán experimentado gran tristeza, pero también enojo por la injusticia, el horrendo acto en contra de éste quien amó y ofreció inclusión para todos. ¿Qué hubiera pasado si Dios respondía según la ley de retribución y venganza, según la lógica del "ojo por ojo", que azotó y mató a Jesús? ¿Qué retribución pudiera compensar este gran crimen contra Dios? Simplemente destruyendo a todos los que han matado a Jesús no hubiera satisfecho la ley de retribución. De hecho destruyendo a toda la humanidad, y los principados y poderes con ellos, tal vez hubiera sido la única acción, desde el punto de vista del "ojo por ojo", que balanceara la acción de matar a Dios encarnado por medio de esta vergonzosa vía.

A través de toda la Biblia vemos a Dios intentando

controlar nuestra tendencia a ejercer retribución y revancha.[7] Las mismas acciones de Dios van más allá de moderar la necesidad de retribución. Dios rechaza la lógica de retribución y practica una justicia radicalmente diferente: una justicia restaurativa. Por lo tanto, no debería sorprendernos que en la cruz Dios no siguió el estilo de "hacer correctas las cosas" según el criterio humano, por medio de responder con igual o mayor violencia y castigo contra aquellos quienes mataron a Jesús. Por el contrario, Dios respondió en forma consistente con las palabras y la vida de Jesús que nos recuerdan los ejemplos de restauración vistos en el Antiguo Testamento. Al fijarnos en la metáfora del A.T. de ponerse en la brecha, me gustaría resaltar dos formas que muestran la manera de respuesta de Dios no-retributiva: perdón y justicia representativa.

En la cruz Jesús dijo: "Padre, perdónalos, porque no saben lo que hacen" (Lc. 23:34). Jesús intercedió de la misma forma en que Moisés lo hizo cuando Dios tuvo razones para enojarse y amenazó con destruir a las personas. Como el salmista escribe: "Dios amenazó con destruirlos, pero no lo hizo por Moisés, su escogido, que se puso ante él en la brecha e impidió que su ira los destruyera." (Sal. 106:23, NVI, cf. Ex. 32:11-13; Am 7:1-6). Jesús se puso en la "brecha" como Moisés lo hizo, y Dios respondió con perdón y liberación de culpa. Sin embargo el perdón nunca es gratis. Cuando hay un daño de por medio, alguien siempre paga el precio. Si uno perdona, entonces está aceptando no cobrar el daño. El que perdona paga el precio. En la cruz Jesús pagó el precio por absorber el dolor, la violencia y la vergüenza. Fue un perdón costoso.

Observamos que en su camino, Jesús confrontó a los opresores y a los que excluyeron a otros, pero mantuvo su

---

[7] Excesiva retribución es la característica de la pecaminosidad humana (Gn. 4:23-24). Dios introdujo la ley del "ojo por ojo" como un límite, una forma de controlar la retribución. La ley del "ojo por ojo" tiene reglamentaciones y limitaciones (Ex. 21:12-14, 23-24; Nm. 35:9-15, 30; Dt. 19:1-7, 15; 17:6; 24:26) y Ezequiel añade que si el criminal se arrepiente de sus crímenes y corrige su estilo de vida, su vida debe ser mantenida (Ez. 18:21-24; cf. 33:10-11). Jesús siguiendo esta trayectoria, completa la intención de la "ley y los profetas" en el Sermón del Monte diciendo: "Ustedes han oído que se dijo: "Ojo por ojo y diente por diente." Pero yo les digo..." y llamando a sus seguidores a renunciar a la retribución y a amar a sus amigos y enemigos (Mt. 5:17, 38-48; Ro. 10:4).

invitación de aceptación y amor aún a ellos. Vimos esa actitud de nuevo en sus palabras de perdón en la cruz. Entonces no debe sorprendernos al ver esa misma postura en el Jesús resucitado. Dios no respondió a la ofensa de la cruz azotando con retributivo castigo hacia la humanidad, sino que su respuesta fue con el resucitado Jesús como una presencia viva de perdón. Este resucitado Jesús no fue arrasando con todo buscando venganza. En vez de avergonzar, regañar o repudiar a sus discípulos, los abrazó y trabajó para restaurar la relación. Ellos después proclamaron el mensaje de perdón a otros en Jerusalén. Claramente afirmaron "ustedes crucificaron a Jesús", pero esa afirmación no fue seguida por amenaza alguna, más bien por una invitación para arrepentirse y ser perdonados.[8]

En Jesús Dios absorbió lo peor de la violencia humana enraizada en el pecado, y respondió con perdón. La acción de Dios paró el círculo vicioso de la violencia y la ley del "ojo por ojo". Nosotros somos salvados de ese ciclo, y por medio del perdón, salvados de nuestra carga de culpa de haber participado en ello. La cruz y la resurrección revelan el carácter de Dios y nos libera del concepto de Dios que muchos imaginan: un Dios acusador y vengativo. Somos invitados a confiar en este Dios de amor y perdón (Jn. 3: 16-17).

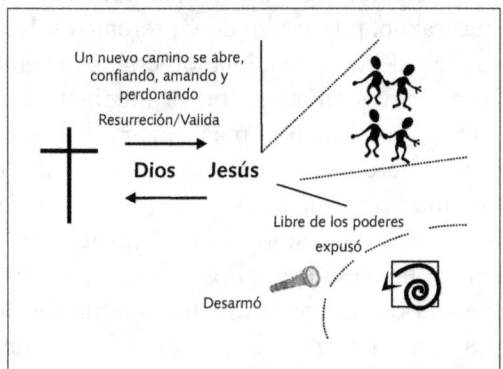

Jesús se paró en la brecha no sólo intercediendo, sino viviendo como justo y obedeciendo fielmente a Dios el Padre. En

Isaías 58 leemos que el que vive como justo, como es descrito en ese capítulo "serás llamado reparador de muros destruidos" (Is. 58:12). En el libro de Ezequiel, Dios se lamenta ya que ninguna persona es encontrada para estar en la brecha, y lo detenga de consumirlos con el fuego de ira (Ez. 22:30-31). Dios habló por medio de Jeremías diciendo: "Recorran las calles de Jerusalén, observen con cuidado, busquen por las plazas. Si encuentran una sola persona que practique la justicia y busque la verdad, yo perdonaré a esta ciudad." (Jer. 5:1, cf Ez. 22:30-31). Notemos que Dios no está buscando una persona a quien castigar en lugar de los otros, sino con una lógica radicalmente diferente que la ley de retribución, Dios perdonará y restaurará a todo el grupo por la justicia de una persona que está dispuesta a actuar en beneficio de los otros. Cuando esa persona no fue encontrada, Dios sacrificialmente entró en la situación humana, se encarnó en Jesús, para ser el justo.

En Romanos 5 y 6 Pablo escribió de Jesús de manera que se hace eco de la idea del Antiguo Testamento sobre el justo reparando la brecha. Como Pablo describió, por medio de la fiel obediencia de Jesús, nosotros hemos sido justificados y entramos en una correcta relación con Dios.

> "Y ahora que hemos sido justificados por su sangre, ¡con cuánta más razón, por medio de él, seremos salvados del castigo de Dios! Porque si, cuando éramos enemigos de Dios, fuimos reconciliados con él mediante la muerte de su Hijo, ¡con cuánta más razón, habiendo sido reconciliados, seremos salvados por su vida!... Por tanto, así como una sola transgresión causó la condenación de todos, también un solo acto de justicia produjo la justificación que da vida a todos. Porque así como por la desobediencia de uno solo muchos fueron constituidos pecadores, también por la obediencia de uno solo muchos serán constituidos justos." (Ro. 5:9-10, 18-19).

El castigo retributivo afirma como "hacer correctas las cosas", pero no sana ni rectifica verdaderamente. De hecho, el castigo retributivo planta semillas de más violencia. Sin embargo, Dios en Jesús actúa para cambiar y rectificar verdaderamente.

En la cruz los poderes del pecado y la muerte fueron expuestos, y por medio de la resurrección fueron vencidos. La muerte ya no tiene la última palabra. En las palabras de Jonathan Wilson "En Cristo como victorioso, vemos a Dios como [...] nuestro libertador, quien revela nuestra victimización y esclavitud, vence nuestros enemigos, destruye nuestra prisión, hace añicos nuestras cadenas para liberarnos y traernos vida eterna".[9] La resurrección es una victoria, pero es una victoria conforme a la forma en que Jesús vivió y murió.

Los que confían en Jesús no solo están librados de la culpa y de la vergüenza, y salvados del infierno, sino que también están llamados a una nueva vida. La resurrección es una señal de validación. Es el sello de aprobación de Dios a la forma en que Jesús vivió, y de esa manera un llamado a vivir de la misma forma. Es un llamado a la conversión, a confiar en este Dios revelado en la cruz, y un llamado, en la seguridad de esa relación con Dios, a seguir el ejemplo y vida de Jesús como auténticos humanos. La resurrección no sólo nos llama, sino que también nos posibilita. La victoria, el perdón y la validación de la resurrección forma una nueva comunidad sin barreras de exclusión donde todas las personas son invitadas a la mesa. A través de estar unidos con Jesús, no sólo en su muerte, sino que también en su resurrección, tenemos la posibilidad, por medio del Espíritu Santo, de juntarnos con otros en este nuevo camino de vida.

**Evaluación**

Cuando he pedido a los grupos que evalúen esta narrativa fundamental en comparación con la anterior generalmente ellos están de acuerdo que usando la vida de Jesús como eje, uno evita los aspectos negativos de la narrativa de satisfacción penal sin sacrificar los aspectos positivos. La excepción que a menudo es

---

9 Jonathan Wilson, *God So Loved the World*, Baker Academic, Grand Rapids, 2001, p. 97.

mencionada es que la narrativa alternativa no es un paquete corto y sencillo como la primera. Esta observación es cierta porque la teoría de satisfacción penal es, en esencia, una imagen, que se finalmente se volvió una narrativa fundamental. Nosotros esperaríamos que una verdadera narrativa fundamental tenga más profundidad y amplitud, y así sea más extensa. Uno no necesariamente la presentaría toda en cada encuentro evangelístico. Más bien sería en partes que se podría usar dependiendo de la situación. Como una narrativa fundamental provee espacio para una gran variedad de imágenes, el evangelista puede elegir cuál es la más apropiada para un grupo en particular o una persona. Por ejemplo imágenes bíblicas tales como la justificación/legal, redención, rescate, sacrificio, adopción y triunfo sobre la muerte/pecado/mal pueden ser usadas para resaltar y proclamar partes de esta narrativa. Ella también puede inspirar y servir como el fundamento, o bien punto inicial, para una gran variedad de metáforas contemporáneas. Para ejemplificar: un libro que edité contiene 18 presentaciones contextualizadas de expiación. La amplitud y diversidad de metáforas en el libro no hubiera sido posible si hubiéramos usado la teoría de satisfacción penal como nuestra narrativa fundamental. Las presentaciones son basadas en aspectos de la vida, muerte y resurrección de Jesús encontradas en la narrativa alternativa, pero que no están en la narrativa por satisfacción penal. ¿Si usamos la vida de Jesús como la narrativa fundamental podría guiarnos a diferentes resultados, que si se usara la teoría de satisfacción penal con la narrativa fundamental? Para comenzar a responder esta pregunta miraremos ejemplos concretos.

Comenzamos este capítulo observando cómo la teoría de satisfacción penal puede fallar en conectarse con las personas que no están sintiendo una carga de culpa. Sin embargo, el contraste entre estas narrativas no es que uno de ellos se ocupa de la culpa y el otro no lo hace. La explicación alternativa, basada en la vida de Jesús, también provee recursos para traer libertad de culpa. Por ejemplo, hace poco, en la cárcel donde dirijo estudios bíblicos estuve esperando por algunos reclusos con quienes semanalmente estudiamos la Biblia. Un hombre que estaba en una celda de detención me llamó y me pidió para orar con él. Él me explicó que le restaba sólo siete días en la cárcel, pero se peleó con otro recluso. Oré por él y continuamos conversando a través de la "rejilla" de la puerta. Sabiendo que en cualquier momento vendría un guardia le pregunté directamente "¿te sientes culpable?". Él respondió "sí". Le pregunté si pensaba que Dios le podría perdonar, a lo que respondió "no sé". Le comencé a hablar de la cruz que fue la peor cosa que los humanos le hicieron a Dios, matando a Dios encarnado, matando al hijo de Dios. ¿Has hecho algo tan malo como eso? ¿Cómo ha respondido Dios en la cruz? Le conté algo que él no sabía, que en la cruz Jesús dijo "Padre perdónalos". Dios también puede perdonarlo. Le conté al recluso que esta es una oración que no puedo orar por él. Él necesitaba confesar y pedir a Dios perdón. Cuando le pregunté "¿te gustaría orar ahora?", vino un guardia y se lo llevó.

Mi colega, Jon Isaak, hace poco volvió al Congo a enseñar un curso de teología. Mientras él enseñaba observó que sus estudiantes responsablemente tomaron "apuntes" e hicieron las tareas asignadas, pero a menudo parecían desconectados del contenido de la clase. Él percibió que ellos experimentaban una desconexión entre la teología y su vida diaria, incluyendo sus experiencias del rol del mal como poder activo. Cuando llegó el momento de hablar sobre la cruz y la salvación Jon usó Colosenses 2:15 como su texto central. En este texto se afirma que Jesús triunfó sobre los principados y poderes en la cruz. En ese momento los estudiantes se "despertaron". Ellos vieron la conexión entre la teología de expiación y sus confrontaciones con el mal. Desde entonces el ambiente de la clase cambió. Como la cruz es central en el cristianismo, no causa sorpresa en nosotros. Pero para estos estudiantes, una vez que vieron la conexión entre la cruz y sus vidas diarias, ellos recién comenzaron a ver una conexión mayor entre otros temas teológicos y la realidad de sus vivencias. Hubiera sido muy difícil para Jon hacer esto si hubiera usado la teoría de satisfacción penal como su narrativa fundamental. Pero al usar la vida de Jesús como su narrativa fundamental, pudo explorar temas tradicionales como el perdón de los pecados, así como resaltar la cruz y la resurrección como una victoria sobre los poderes, y conectarlas con las realidades de los congoleños.

Finalmente ¿cómo se relaciona la cruz con la vergüenza, y cómo puede uno evangelizar hablando de vergüenza? El próximo capítulo es un ejemplo del evangelio que proclama libertad de la vergüenza por medio de la cruz y la resurrección. Mariela, peruana, estuvo cargada con una pesada carga de vergüenza porque ella era rechazada por las personas de su comunidad. No sentía culpa, ella se avergonzaba no por algo que haya hecho, sino a causa de las acciones de alguien cercano. Mariela leyó la historia de cómo la vida, muerte y resurrección de Jesús había librado a Alba, una mujer hondureña, de su esclavizante vergüenza. Por medio de esta historia encontró a Jesús en una nueva forma, que la liberó de su carga de vergüenza y transformó su forma de ver a Dios. Ahora ella comparte apasionadamente con otros las buenas nuevas del amor de Dios. Si por mi parte todavía usara la teoría de satisfacción penal como mi narrativa fundamental, es probable que no hubiera pensado en la relación entre la cruz y la liberación de la vergüenza, y mucho menos hubiera podido escribir un folleto evangelístico que impactó la vida de Mariela.

Estos pocos ejemplos no agotan la variedad de imágenes y metáforas que surgen de esta explicación alternativa, así como son promovidos. Sin embargo espero que ellos nos ayuden a imaginarnos los muchos beneficios de reemplazar la limitada y angosta narrativa fundamental, provista por el modelo de satisfacción penal, por una más amplia y más profunda narrativa enraizada en la vida de Jesús, que no sólo incluye la cruz, sino que también la resurrección.

# 8
# Salvación por la cruz: imágenes para hoy[1]

**Introducción**

¿Cómo es que la cruz provee nuestra salvación? La mayoría de los cristianos contestarían que por la cruz Jesús paga la pena que Dios demanda por nuestros pecados. Esa explicación, usualmente, está dada no como una de varias explicaciones, sino como *la* explicación. Sin embargo, la verdad es que la Biblia usa varias imágenes para proclamar el hecho que tenemos salvación por la cruz y la resurrección de Jesús.[2] El evangelio es como una joya de muchas facetas. Una sola imagen o explicación no puede comunicar toda la realidad de esa joya, el evangelio.

Primero encontré esa idea, de la necesidad de seguir la Biblia y usar varias imágenes y explicaciones para proclamar el

---

[1] Este capítulo es una traducción de "The Saving Significance of the Cross in a Honduran Barrio" que fue publicado en *Mission Focus: Annual Review*, vol. 14, 2007: 59-81. Rafael Zaracho y Gustavo Delgadillo me ayudaron con la traducción.
[2] La variedad de imágenes no solo está en la Biblia. También durante la historia de la iglesia los teólogos han presentado y predicadores han predicado varias explicaciones del significado salvífico de la cruz. De hecho la explicación que Jesús paga la pena que Dios demanda, que tiene el nombre de "la teoría de substitución penal," no existió en los primeros mil años de la iglesia.

significado salvífico de la cruz, en el libro de Juan Driver, *La obra redentora de Cristo y la misión de la iglesia*.[3] Después trabajé junto con un especialista en Nuevo Testamento para escribir un libro sobre el mismo tema.[4] A diferencia a esos libros éste capítulo no es una investigación sobre esas imágenes bíblicas ni un análisis teológico sobre varias explicaciones históricas de cómo la cruz provee la salvación, ni un argumento misiológico de la necesidad de usar varias imágenes. Este capítulo es un esfuerzo de seguir el modelo de los autores bíblicos y hacer la tarea de desarrollar imágenes contextualizadas sobre cómo la cruz y la resurrección proveen nuestra salvación.

### El contexto: vida en el barrio

Flor del Campo, con una población cerca de 20.000 habitantes, es uno de los numerosos barrios pobres que surgió en las colinas alrededor de Tegucigalpa en los últimos 25 años. Los habitantes viven en un clima de violencia y la mayoría están atrapados en la pobreza. Ellos sueñan vivir en una simple casa en lugar de una choza. Ellos se preocupan si hay suficiente comida para comer, y por sus encuentros con personas de estatus social alto en donde ellos experimentan continuamente vergüenza y humillación, que presiona su sentido de dignidad y autovaloración. Los políticos prometen soluciones, pero la estructura y la práctica de la corrupción permiten a un pequeño grupo de hondureños hacerse cada vez más ricos, mientras que la mayoría languidece en la pobreza. Las instituciones gubernamentales son ineficientes y proveen trabajo a un pequeño número de personas con conexiones políticas.

Algunos en Flor del Campo se vuelven criminales como

---

3 Juan Driver, *La obra redentora de Cristo y la misión de la iglesia*, Nueva Creación, Buenos Aires, 1994. En mi sitio web hay varios artículos en inglés que describen varias imágenes bíblicas de cómo la cruz provee salvación. http://www.mbseminary.edu/baker/atonement

4 Mark D. Baker and Joel B. Green, *Recovering the Scandal of the Cross: Atonement in New Testament and Contemporary Contexts*, 2ª edición, IVP Academic, Downers Grove, Ill., 2011.

una vía de escape de la pobreza, vendiendo drogas, o asaltando a los transeúntes. En Flor del Campo las personas nunca dejan sus casas desatendidas. Pues si lo hacen, tal vez sufran algún robo en sus casas o sus ropas que dejaron colgadas afuera. Muchos buscan un escape momentáneo a través de las drogas o el alcohol. Los adolescentes buscando estatus y seguridad dejan a sus familias y se unen a las pandillas. Por las noches las pandillas vagan por las sucias calles de Flor del Campo creando un clima de terror.

Lo que ellos ven y escuchan en los medios de comunicación y en la vida diaria, constantemente hacen recordar a los pobladores de Flor del Campo que ellos no han alcanzado la medida o el concepto de éxito humano de la sociedad, es decir, ser una persona importante. Aunque algunas personas aceptan con una resignación fatalista el rol o papel de estatus bajo en relación con las personas de estatus alto, otros en Flor del Campo toman como símbolo de estatus el tener buena apariencia para demostrar un estatus más alto de lo que en realidad estas tienen. Algunos hombres pasan hambre para ahorrar un poco de dinero con el fin de comprar un par de *Nikes*, algunas madres compran cosméticos y ropas en lugar de suplir las necesidades escolares de sus hijos. Evitan decir que son de Flor del Campo, uno de los residentes dice a los otros del trabajo o la escuela que él vive en La Pradera, un barrio cercano de clase media. Una mujer, quien actualmente trabaja como empleada del hogar, miente a sus vecinos acerca del tipo de trabajo que tiene, y cada día sale de su casa vestida como si ella tuviera un trabajo profesional o de oficina. Otros han sido tan humillados y pisoteados que no se preocupan de aparentar que pertenecen a la clase alta, sólo tratan de sobrevivir.

Sin embargo muchos de estos que no intentan encubrir la realidad de su bajo estatus social todavía no viven como auténticos humanos. A diferencia del ejemplo de arriba donde las personas tratan de mostrarse como algo superior de lo que ellos en realidad son, hay normas culturales que presionan al pobre a vivir con menor autenticidad humana. Estos de bajo estatus son llamados humildes, término usado para referirse a personas con poca educación o recursos económicos, comúnmente son agricultores o jornaleros. Se espera que el humilde actúe con respeto y humildad cuando se encuentra con las personas de estatus más alto. Por vivir de acuerdo con las normas culturales de la conducta apropiada para el humilde, estas personas vienen a comportarse casi igual que los animales, recibiendo poco y sirviendo a aquellos que están arriba de ellos.

Al mismo tiempo, algunas normas culturales como el machismo y el marianismo proporcionan, a todos aquellos que están viviendo en Flor del Campo, la vía para superar a otros de su mismo estatus social y ser considerado "verdadero hombre" o una "buena mujer". El machismo es una exagerada conciencia y afirmación de la masculinidad. El machismo incluye un énfasis tanto en la virilidad y la superioridad así como en la dominancia del macho sobre la mujer. Aun el hombre más pobre puede demostrar que es "verdadero hombre" y demostrar su superioridad sobre otro hombre de su misma condición social, sea emborrachándose más que otros, "conquistando" más mujeres, engendrando más hijos, demostrando que tiene el control en su casa, o respondiendo agresivamente si llegan a insultar su honor.

El marianismo muestra a la Virgen María como el ideal de una "buena mujer". El marianismo venera a la mujer que llega virgen al matrimonio. En contraste para el hombre, las mujeres casadas deben de permanecer "encerradas" en la casa en el sentido sexual. Elvia Alvarado, una campesina hondureña, explica el doble estándar. Si la mujer vive con un hombre y se acuesta con otro, esto es un terrible escándalo. Algunos hombres llegan a matar a su mujer por acostarse con otro hombre. Pero el hombre campesino es libre para acostarse con otras mujeres.[5] La pureza es central en el marianismo es señal de la buena mujer; atravesar largos sufrimientos es otra característica, además ser laboriosa y trabajar duro es elogiado y necesario para vivir. La buena mujer provee a su familia buenas comidas y mantiene su casa en orden, en contraste

---

5 Elvia Alvarado, *Don't Be Afraid Gringo: A Honduran Woman Speaks From the Heart*, trans. y ed. Medea Benjamín, Food First, San Francisco, 1978, p. 46.

del macho, ella es sumisa y pasivamente debe sobrellevar a su esposo infiel y a menudo borracho.

El hombre hondureño se esfuerza por demostrar que es macho, un verdadero hombre, es un ejemplo de lo que en el principio describí como un esfuerzo por alcanzar ser más y así ocultar su propia limitación o su auténtica humanidad. En este sentido las mujeres se esfuerzan por satisfacer el ideal de buena mujer, haciendo lo mismo. Pero aun consiguiendo el estatus de buena mujer, necesitan retroceder y vivir con menos autenticidad de lo que ellas son. Esto reprime su salud física y emocional y su desarrollo personal ya que ellas viven fuera del ideal del marianismo.

La iglesia es otra vía para que el humilde logre estatus y oculte su sentido de inferioridad al ser "verdadero cristiano". Si ellos obedecen la lista de reglas y asisten fielmente a los cultos nocturnos, ellos pueden elevarse sobre los otros y tener un estatus alto y tal vez un cargo oficial en la iglesia. El precio de esta forma de legalismo es alto. El espíritu de condenación llena muchas iglesias. La iglesia es vista como familia, miembros que llaman a otros hermanos y hermanas, pero la membresía en la familia está condicionada por seguir las reglas y ser "bueno". En la iglesia hay poco espacio para ser transparente. Muchos de los que tropiezan y rompen las reglas de la iglesia en lugar de hacer frente a ser rechazado o ser observado con miradas de acusación por los otros miembros, simplemente nunca vuelven a la iglesia.[6]

Las personas viven con miedo, no sólo de sus "hermanos" y "hermanas" de la iglesia, sino de Dios: el padre supremo de esta familia. Un hombre describió a Dios con cara ruda, barba larga y una gruesa correa de cuero para castigar a las personas. Aunque esta descripción puede variar, la mayoría de personas ven a Dios como una figura distante que está acusando y está ansioso por castigar cualquier equivocación. El ama, pero condicionalmente. El Dios

---

6 Para una completa discusión sobre el legalismo en las iglesias evangélicas de Flor del Campo ver Marcos Baker, *¡Basta de Religión!: Cómo construir comunidades de gracia y libertad*, Ediciones Kairós, Buenos Aires, 2005, pp. 11-35.

de ellos sigue el hilo de sus acciones, distribuye bendiciones al bueno y castigos, como la enfermedad, para aquellos que fallan a sus reglas. Muchos hondureños, especialmente evangélicos, han interpretado que el huracán Mitch, que devastó el país en 1998, fue enviado como castigo de Dios.[7]

Claramente, Flor del Campo, es un lugar difícil para ser un auténtico humano y para experimentar una verdadera familia. En el ámbito físico muchos tienen inadecuada nutrición e inadecuada vivienda y cuidado de salud. Estas privaciones evitan en la vida de ellos el completo desarrollo de su potencial. La pobreza impide a muchos el desarrollo educacional, el clima de violencia crea miedo y obstaculiza el florecimiento de la relación humana. Igual que Adán y Eva algunos en Flor del Campo tratan de dar la apariencia de ser algo superior de lo que en realidad son (humanos vulnerables). Otros se esconden y tratan de evitar que otras personas vean la realidad de su vulnerable humanidad. Muchas de las personas en Flor del Campo viven con una mezcla de ambición tratando de alcanzar algo superior y escondiéndose de los otros por medio del machismo, marianismo, reglas religiosas y otras definiciones culturales acerca de la idea de ser bueno. Pero en vez de darles a ellos el sentido de aceptación y pertenencia, de ser parte de una familia, estas acciones sirven para desconectar y alienarlos de Dios, de ellos mismos y de los otros.

Nos tomamos una pausa en nuestra descripción del contexto para pensar en la situación humana en términos teológicos.

### Definiendo "humano" y "familia"

Todo el que vive en Flor del Campo, en el sentido biológico, es un *homo sapiens* un ser humano. Necesitamos movernos al pasado para la definición más básica de esta palabra. Por ejemplo,

---

[7] Para una discusión más profunda sobre el concepto de Dios ver el capítulo dos de este libro y Baker, *¡Basta de Religión!: Cómo construir comunidades de gracia y libertad*, pp. 46-80; Stanley Slade, "Popular Spirituality as an Opressive Reality", in *New Face of the Church in Latin America*, ed. Guillermo Cook , Orbis, Maryknoll, New York, 1994, pp. 135-49.

sí es cierto que aquellos que tienen adecuada nutrición, vivienda y cuidado de salud tienen el potencial de vivir una experiencia humana más completa en contraste a aquellos que no lo tienen. Y sí es cierto que una niña de 10 años que sufrió malnutrición en su infancia, que sufrió enfermedades crónicas por beber aguas contaminadas y que se sienta lánguidamente en una numerosa clase porque ella tuvo solo un pequeño desayuno, tendrá una marcada disminución en su experiencia educacional en comparación a aquellos que no sufrieron estas limitaciones. Sin embargo necesitamos incluir más que el sentido físico cuando pensamos en lo que significa ser un humano auténtico.

Podemos ayudarnos pensando bíblica y teológicamente acerca del término "humanidad auténtica". Adán y Eva vivieron como auténticos humanos, estando sus vidas caracterizadas por la tranquilidad e interdependencia. Tenían una relación de armonía con Dios, el uno con el otro, con la creación, y con ellos mismos. En la seguridad del amor de Dios ellos fueron aceptados en su finitud y con sus limitaciones sin auto-acusación, duda, ni vergüenza. Exactamente porque no trataron de ser como Dios, aceptando su estado vulnerable de la dependencia, ellos fueron libres para ser completa y auténticamente humanos.

El día vino, sin embargo, cuando ellos negaron la verdad de Dios rechazando que su estado de limitación fue lo mejor. Ellos querían más, ambicionando la fruta prohibida para ser iguales a Dios, más que humanos.

Rechazaron lo que verdaderamente fueron. A partir de ese momento se sintieron deficientes y avergonzados de sí mismos. Sintieron vergüenza de su auténtica humanidad.

Rápidamente, Adán y Eva comenzaron cubriéndose y ocultándose de la bondad y del amor de Dios. Separados de Dios, de los otros y de nosotros mismos nos hemos estado cubriendo y escondiendo desde entonces. En las palabras de la psicóloga y teóloga Margaret Alter,

> La historia de Adán y Eva ilustra lo que encontramos en cualquier humano el miedo a la exposición y la humillación... Desde nuestro punto de vista, hemos fracasado porque no hemos podido cumplir un deseo interior de trascender nuestra naturaleza humana finita; tratamos de hacer algo que estaba fuera de nuestro alcance y quedamos en ridículo. Nos inventamos la innecesaria obligación de ser como Dios. Como resultado, sentimos el aguijón de la humillación de no ser suficientemente buenos, de ser inferiores y de haber perdido el control.[8]

Como vimos en Flor del Campo algunos responden al miedo descrito por Alter ambicionando ser más y así encubrir su finitud. Otros tratan de esconderse para evitar de ser descubiertos en sus debilidades. En este sentido ellos viven como menos humanos. Muchos viven en una mezcla tratando de alcanzar algo superior y escondiéndose.

Ya sea aparentando ser más o escondiéndose, o una mezcla de los dos, por estas tendencias las personas cortan la posibilidad de vivir como auténticos humanos en relación de amor con otros.

Como todos los que viven en Flor del Campo son humanos, todos ellos, en una forma son parte de una familia. En este capítulo quiero usar la palabra familia en su sentido amplio, es decir, como personas relacionadas unos con otros, como auténticos humanos, quienes aceptan su vulnerabilidad y viven en honesta relación de aceptación e interdependencia. Así, cuando digo "familia" no necesariamente me estoy refiriendo a las personas conectadas por lazos sanguíneos, sino a personas relacionándose unos con otros como auténticos humanos, donde ellos pueden pertenecer, ser amados y sentirse apoyados.

"Auténtica comunidad cristiana" podría ser otro nombre

---

8 Margaret G. Alter, *Resurrection Psychology: An Understanding of Human Personality Based on the Life and Teaching of Jesus,* Loyola University Press, Chicago, 1994, pp. 16-17. Para una exploración más amplia sobre este tema vea, Marcos Baker, *¿Dios de ira o Dios de Amor?: Cómo superar la inseguridad y ser libres para servir,* Ediciones Kairós, Buenos Aires, 2007.

que podríamos usar para lo que estoy llamando familia en este capítulo. Uso el término "familia" porque es una imagen bíblica, usada por Pablo en la discusión sobre la salvación (Gá. 4:1-7), pero sobretodo porque este término es fácil de entender y más usado por las personas de Flor del Campo.

En este barrio la experiencia de familia de muchas personas, tanto en el sentido tradicional de la palabra como en el sentido cualitativo, es caracterizada por alienación más que por aceptación y amor. Anhelan la experiencia de auténtica familia. Usaré el término alienación mucho en lo que sigue, el término debe ser asociado a separación, alejamiento, el distanciamiento que ocurre entre dos cosas que antes estaban unidas o eran cercanas. La hostilidad entra donde antes había armonía. Cuando dos personas o dos grupos de personas están alienados la relación entre ellos está distorsionada o rota.

Para clarificar nuestra comprensión de alienación en Flor del Campo y discutir más concretamente el significado salvífico de la cruz y la resurrección voy a presentarles a dos personas. Alba es una persona real y su historia es verdadera. Ramón y su historia son ficticios, pero reflejan eventos que han sucedido en Flor del Campo.

### Ramón

Ramón creció en un pequeño pueblo en el sur de Honduras. Fue a la escuela por dos años, pero no pasó el primer grado ni aprendió a leer. Como adulto cultivó una pequeña parcela de tierra que heredó de su padre, pero la deforestación y el método de agricultura de cortar-quemar agotó el suelo y lo dejó más árido. Él tuvo dificultad produciendo suficiente maíz y frijoles para alimentar a su esposa y a sus tres hijos. Él comenzó a escapar de esto bebiendo cada día más. Sintiéndose impotente de proveer para su familia y adquirir símbolos de estatus como un reloj, un revólver, un caballo o unas pocas cabezas de ganado, él trató de demostrar que es un "verdadero hombre" actuando más agresivamente hacia los otros de su pueblo: insultando y peleándose con otros hombres y persiguiendo a otras mujeres. Él tuvo tres hijos más, uno con su esposa, uno con una adolescente la cual era su vecina y otro con una mujer que ya tenía otros hijos.[9] Él decidió vender su tierra y dejar su pueblo después de una sequía en la que tuvo una pobre cosecha y porque numerosas personas le dijeron que el esposo de su más reciente amante estaba planeando matarle.

Ramón tomó a su esposa y a sus cuatro hijos y se mudó a Tegucigalpa con la esperanza de conseguir un trabajo y tener una mejor vida. Él construyó una pequeña choza al lado de la casa de su cuñada en Flor del Campo. No pudo encontrar un trabajo estable y se sintió aún más fracasado que cuando vivía en su pueblo. Él tuvo dificultad para adaptarse a la vida de la ciudad. Al ver que las personas lo miraban o al escuchar que su nombre era mencionado en el bar, él imaginaba que lo estaban ridiculizando como un ignorante campesino. Él se sintió especialmente menospreciado por su vecino Jorge que tenía un buen trabajo, y demostraba especial atención a la esposa de Ramón.

Ramón pronto empezó a pasarla bebiendo, insultando y persiguiendo mujeres como lo había hecho en su pueblo. Durante el día, sin embargo, andaba por Tegucigalpa tocando las puertas de los ricos preguntando mansamente por trabajo. Una vez alguien le ofreció un trabajo estable. Él dijo que lo tomaría, pero tuvo miedo que la persona haya asumido que él sabía leer y nunca regreso. Después de unos duros días de trabajo cortando césped para un ingeniero en un barrio de personas ricas; el ingeniero le preguntó a Ramón cuánto le debía pagar. Ramón respondió como usualmente hacen las personas humildes. Él inclinó ligeramente su cabeza, sin

---

9 El machismo es una causa importante para la desintegración familiar en Flor del Campo donde más del 25% de los hogares están guiados por una madre soltera. En algunos casos el padre fue asesinado por alguien al defender su honor. En otros casos el padre ha huido por que mató a alguien o se ha ido a los Estados Unidos para buscar trabajo o un mejor salario. Más a menudo, sin embargo, los hombres dejan a su mujer e hijos detrás y tienen más hijos con otras mujeres. No es inusual en Flor del Campo que esas familias consistan de una madre cuyos hijos sean de diferentes hombres, y que ninguno de ellos vivan ahora con ella. Muchas veces cuando el padre vive con su familia, ellos prefieren que el padre no lo haga, por su borrachera y exigencias o por su forma abusiva de tratarlos.

hacer contacto visual y suavemente dijo: "Usted sabe" (en esencia "quien soy yo para decirle").

    Más tarde ese mismo día Ramón cuando entró al bar escuchó a Jorge hablando de él. Ramón se fue a su casa y tomó el revolver de su cuñado. Cuando Ramón entró al bar, Jorge inmediatamente sintió una mezcla de vergüenza y enojo. Las personas le dijeron a Jorge que Ramón lo estaba humillando y menospreciando en numerosas formas. Jorge se paró, ayudado por el alcohol ganó valentía, e insultó a Ramón y éste respondiendo insultó y empujó a Jorge contra la pared. Jorge tomó una botella para atacar a Ramón, pero Ramón sacó el arma y le disparó. Jorge cayó moribundo al piso, luego Ramón dijo algunas palabras para enfatizar quien es el verdadero hombre entre ellos.

## Alba

    Alba creció en un pueblo cercano a Tegucigalpa, ella fue la segunda de entre catorce niños. Su padre heredó una gran parcela de tierra de sus padres, pero él pasó más tiempo bebiendo que trabajando. Él vendía poco a poco su propiedad para mantener a su familia y su hábito de beber. A la larga la familia terminó en la calle. Una vecina les tuvo compasión y les permitió vivir en una casa sin pagar alquiler. La madre de Alba comenzó a trabajar como empleada doméstica y traía comida que le daban en su trabajo para su familia. Si el padre de Alba, quien no trabajaba, descubría que la madre de Alba traía comida a la casa, agarraba la comida y lo tiraba, acusándola de haber obtenido la comida por acostarse con otro hombre. También él la golpeaba y tomaba el dinero que ella había ganado para ir a beber. Alba vivía con miedo a su padre. Él golpeaba a toda la familia con un cable eléctrico.

    Cuando él venía a su casa, borracho y airado, Alba y sus hermanos saltaban de la cama y corrían fuera de la casa. Alba corría de la escuela a su casa cada día no porque estaba ansiosa por estar con su familia, sino para evitar posibles castigos. Ella nunca preguntó si podía ir a jugar a la casa de sus amigos, sino calladamente ella hacía sus tareas, y luego se iba para trabajar por comida y dinero a la casa de su vecino. En vez de arriesgarse a decir algo erróneo y ser ridiculizada o golpeada, Alba aprendió a decir lo menos como fuera posible. Ella llevó esta práctica a la escuela, donde hablaba mucho menos que sus compañeros, y a menudo participaba en las clases sólo cuando el profesor la forzaba.

Cuando estuvo en el tercer grado una prima dijo a su madre que le gustaría ayudar a Alba y ofreció que Alba podría vivir con ella, además le daría comida, ropa y cubriría los gastos de la escuela. Pero su prima mintió, sólo la rescató para hacer de ella su esclava. Ella nunca le pagó a Alba, nunca le permitió ir a la escuela, le hacía trabajar todo el día, nunca le permitió a Alba comer con la familia y solo le daba las sobras, si había. Alba se levantaba a las cuatro de la madrugada y comía secretamente porque su prima la castigaba si la encontraba tomando algo de comida.

Los muchachos comenzaron a mostrar interés en Alba cuando ella cumplió 14 años, pero la forma en que su padre trató a su madre hizo que fuera difícil para ella creer en los muchachos cuando le hablaban de amor. Ella los ignoraba o rechazaba.

Alba aprendió a sobrevivir. Su silencio y bajo perfil la protegieron de los golpes y rechazos que ella temía; pero al pasar los años ella gradualmente se rechazó a sí misma, no se quería y no podía imaginar que alguien la amaría. Una vez ella trató de matarse tomando pesticida, pero esto ni la enfermó.

Con el tiempo creyó lo suficiente en un joven, como para querer empezar una familia con él. Su prima la ridiculizó diciendo que él era una pobre basura. Alba se fugó de la casa de su prima y después se mudó a Tegucigalpa con su esposo. Como una persona adulta y madre en Flor del Campo Alba se reunía en la iglesia y se esforzaba por ser una "verdadera cristiana" y cumplir con las expectativas de su nueva "familia". Se iba a la iglesia cada noche, seguía las reglas y trabajaba duro en varios proyectos para juntar dinero con el fin construir el templo. Ella no pudo, sin embargo, sentirse amada o cuidada. Ella sintió que no alcanzaba la medida porque no hablaba en lenguas. Alguien la miró con disgusto, por lo que ella compartió la primera vez que habló en una reunión en la iglesia, así ella volvió a la práctica de su infancia, es decir, quedarse en silencio.

### El significado salvífico de la cruz y la resurrección: Primera parte

¿Cuál es el significado salvífico de la cruz en el contexto de Flor del Campo? ¿Cómo puede la cruz librar a las personas para vivir como auténticos humanos y cómo puede la cruz facilitarles ser parte de un grupo de personas que sean para ellos como una verdadera familia? Yo viví en Honduras por 10 años. Pase mucho tiempo en Flor del Campo, caminando por las calles de tierra, enseñando y predicando en algunas de las iglesias, y sentándome en las pequeñas casas hablando acerca de la vida y el evangelio. Una pregunta que discutía con las personas en Flor del Campo fue ¿cuál es el significado salvífico de la cruz y la resurrección para Flor del Campo para el día de hoy? Lo que sigue es resultado de esas conversaciones.

Pablo escribió a los corintios que él anunciaba al Cristo crucificado (1Co. 1:23). En este sentido, en Flor del Campo he observado la importancia no sólo de hablar del hecho de la cruz, sino de quién fue crucificado. He dividido mi respuesta a la pregunta del significado salvífico de la cruz en dos secciones. La primera está enfocada en la naturaleza reveladora de la cruz. ¿Qué nos revela el crucificado acerca del carácter de Dios y lo que implica ser un auténtico ser humano? Y cómo esto puede ayudar a las personas, iguales a Ramón y Alba. En la segunda sección exploraré cómo Dios actuó a través de la cruz para proveer libertad de los poderes de la alienación que han distorsionado la relación de Ramón y Alba con Dios, con los otros, con ellos mismos y con la creación.

La primera sección está dividida en dos sub secciones. En la primera reflexionaremos en cómo la cruz puede conectarse con la experiencia de cada ser humano, de tener su auténtica humanidad aplastada. Llamaré a esa experiencia: ser crucificados. En la segunda sub sección reflexionaremos en cómo la cruz revela que cada ser humano crucificado es también tentado a lastimarse a sí mismo y a los que lo rodean, en otras palabras siendo un crucificador.

**Humanos crucificados**

Como una persona humilde Ramón muchas veces fue humillado y escondió su humanidad auténtica en actos de deferencia para con aquellos de clase alta, pero generalmente él vivió la vida de macho maniobrando en su esfuerzo de presentarse como un verdadero hombre superior a los otros, y así enmascarando su humanidad auténtica. Él tuvo miedo de cómo responderían las otras personas si descubrieran al auténtico Ramón detrás de su máscara de macho, un humano que, en contraste con su máscara, a menudo se sentía impotente, inepto y fuera de lugar en la ciudad, y preocupado acerca de qué comerían él y su familia. Cuando Alba era niña sentía que la vida era peligrosa y sentía que si se exponía sería aún más peligroso. Alba se protegió escondiéndose. Su intento de suicidio fue un intento de esconderse en una forma total. Ella llevó hasta el extremo lo que la vida le había enseñado: cuanto más estaba encerrada en sí misma, cuanto más tiempo pasaba en su caparazón protector, más seguridad tuvo. Muchas veces ella se callaba y se escondía en la iglesia y en otras situaciones, en la iglesia trabajaba para alcanzar el estatus de una "verdadera cristiana". Ni Ramón, ni Alba experimentaron la experiencia de una verdadera familia. Ellos no vivieron una relación de aceptación y armonía con las personas de su alrededor. Alba y Ramón, no tuvieron suficiente confianza en los otros como para vivir abiertamente como auténticos humanos. No hubo espacio para Ramón ni para Alba en vivir transparentemente como seres humanos. La autenticidad humana, con la que Dios por su gracia los ha creado, había sido aplastada y estrangulada -crucificada.

Si bien en el sentido biológico Ramón y Alba están vivos, enfrentando sus preocupaciones, miedos y las amenazas de la vida, habían enmascarado y escondido su frágil y auténtica humanidad, hasta el punto de ser ahogada y crucificada. Por medio de la encarnación, la cruz y la resurrección Dios invita y permite al humano crucificado o escondido en cada uno de nosotros volver a la vida. En la encarnación Dios abraza la finitud y vulnerabilidad humana que las personas de Flor del Campo tratan de enmascarar y ocultar por medio de sus intentos de vivir como "verdadero hombre", "buena mujer", "verdadero cristiano" o ser apropiadamente "humilde". Es difícil imaginar una situación de vulnerabilidad más grande que la de un recién nacido o un hombre desnudo clavado en una cruz. Ciertamente el pesebre y la cruz fueron los momentos donde la humanidad finita de Jesús, su vulnerabilidad, fueron más evidentes. Pero su vida como un todo nos revela lo que significa vivir como un auténtico humano.

Es probable que Alba en su vida de iglesia haya reflexionado en la vida humana de Jesús, pero más bien solo para extraer ciertas acciones que ella pudiera convertir en reglas y que debiera obedecer con el fin de lograr el honor de ser considerada verdadera cristiana. En lugar de usar la vida de Jesús, como una fuente de reglas para construir una máscara religiosa que esconde su auténtica humanidad, las personas de Flor del Campo más apropiadamente podrían ver en Jesús a un hombre que no cedió a la presión de ocultar su humanidad y actuar como "verdadero hombre", "verdadero cristiano" o actuar como es esperado de la persona humilde.

Por supuesto, Jesús vivió en un tiempo y lugar diferente y no experimentó el machismo hondureño y las distorsiones religiosas presentes en Flor del Campo. Estamos seguros, sin embargo, que las personas en la cultura de Jesús tuvieron formas similares para lograr el sentido de superioridad, y sintieron presiones similares para actuar de acuerdo a su estatus. Si mentalmente hojeamos las páginas de los evangelios podemos pensar en los numerosos ejemplos de algunas personas ambicionando superioridad, como el rico por medio de dar grandes ofrendas públicamente, el fariseo a través de su religiosidad, los miembros del Sanedrín, Herodes y Pilato por medio de su poder político. Igualmente podemos ver a otros humillándose y escondiendo su auténtica humanidad según las reglas o normas de la sociedad: leprosos, niños y mujeres; y algunos otros, como los recolectores de impuestos que vivieron en una mezcla de ambición y tratando de ocultarse.

Jesús vivió como un hombre libre de alienación, en una relación de confianza y armonía con Dios, con los otros y con él mismo, como un auténtico humano. Jesús no vivió según un programa. Podríamos decir que fue impredecible, pero quizás podría decir más apropiadamente que él no entró en el juego de ocultar su auténtica humanidad y preocuparse acerca de lo que los otros pensaban de él, fue libre para responder con autenticidad y con amor a aquellos que estaban alrededor de él. Jesús comió con las personas marginadas con quienes los religiosos no se relacionaban. Jesús dejó fluir fuertes sentimientos, como sentimientos de tristeza, compasión y enojo. A veces hablaba y en otros momentos se quedaba en silencio; algunas veces fue severo y en otros momentos tierno. Fue sensible al sentimiento humano y sanó. Sin embargo no sanó a todos; no fue frenéticamente de un pueblo a otro pueblo con la estrategia de llegar a todos los lugares de Palestina en un año. Él parecía relajado, se tomaba tiempo para estar solo. A veces hablaba directamente, pero más a menudo contaba parábolas y hacía preguntas. Decimos que habló con autoridad, pero no fue una autoridad basada en su estatus o posición, sino más bien la que viene de la completa confianza en Dios el Padre, y así fue libre para ser lo que realmente era. No podemos estar seguros, pero podemos imaginar que las personas respetaban su autoridad por la forma en que él los miraba, su tono de voz y por la forma en que actuaba como persona, completamente conforme consigo mismo. En Jesús, Dios afirma nuestra humanidad porque él vivió como uno de nosotros, como si fuera a decir a aquellos de Flor del Campo, "yo he vivido como un auténtico humano, con todas sus limitaciones y vulnerabilidades, pero también en todo su potencial. Tú también puedes".

Por supuesto, cuando las personas viven como auténticos humanos y no intentan esconder la realidad de sus limitaciones, por un lado, y no tratan de ser más que solo seres humanos por otro lado, ellos hacen que sea incómodo vivir alrededor de ellos. Ellos son un problema para el resto de nosotros porque amenazan la seguridad que conseguimos con las normas aceptadas en nuestras vidas. Jesús hizo esto. Exploraré esto con más detalle en la siguiente sección. En sentido general, sin embargo, podemos decir que Jesús como auténtico humano hizo y dijo cosas que enojaron tanto a los otros, que ellos lo quisieron matar. Jesús estuvo dispuesto a demostrar total solidaridad con nosotros a pesar de la costosa consecuencia de esa solidaridad, su muerte por crucifixión.

El escándalo del Dios encarnado colgando en la cruz en debilidad, desnudez y en humillación es el momento de salvación para nosotros. Nos invita a ser humanos, a presentarnos con todas nuestras características físicas, a reconocer la complejidad de nuestras emociones y nuestras vulnerabilidades.[10]

Además, la resurrección valida la vida que llevó Jesús. En un sentido, por medio de la resurrección Dios nos dice: "esta es la vida a imitar". Esta es una invitación a vivir en libertad de las voces y de los poderes que nos dicen que debemos enmascarar nuestra auténtica humanidad. Dios, por medio de la resurrección, no promete que si vivimos como auténticos humanos no sufriremos. Sino por el contrario, al vivir como auténticos humanos amando a los otros en medio del maligno traerá enojo, sufrimientos e insultos de parte de otros. Pero la resurrección es una promesa

---

10 Doug Frank, "Approaches to an Ethic of the Real," manuscrito no publicado, p. 11.

que en un sentido final Jesús murió por nosotros, en nuestro lugar, para no tener que enmascarar nuestra auténtica humanidad como una forma para protegernos. Podemos vivir libremente como auténticos humanos sin miedo. La vida, no la muerte, tiene la última palabra.

En el fondo encontramos un problema relacional de alienación de Dios, de los otros y de sí mismo. Restaurar la relación de armonía y confianza es la solución. Si Ramón y Alba piensan en Dios como una figura severa y exigente, ellos se sentirán alienados, no aceptados, aún en la familia cristiana no sentirán la diferencia de los hogares en donde ellos crecieron. Sin embargo la cruz también es liberadora con relación a ese problema.

Hasta este punto he enfatizado la humanidad de Jesús. En Jesús Dios nos ha revelado cuál es el significado de ser auténticos humanos, sin embargo como Dios encarnado, Jesús es también la mejor revelación de Dios. Así cuando hablamos de Alba y Ramón y lo relacionamos con la cruz, nosotros no solamente nos referimos a la salvación encontrada en lo que Dios hizo al entrar en la experiencia de crucificados que ellos viven, sino también en la experiencia de salvación, en cómo la cruz expone las mentiras de nuestras imágenes tergiversadas de Dios. En lugar de ver a Dios como una figura distante y estricta, muy deseoso de usar su gran poder para castigar el error humano, en Jesús Dios se revela a sí mismo como una figura de aceptación y perdón, un Dios cuya última solución no es la destrucción por medio de su gran poder, sino sanar y restaurar, llevando sobre su hombro el sufrimiento que no es de él, sino nuestro. Cuando Ramón y Alba comprendan que el Dios que ellos encuentren en Jesús y el Dios Padre son el mismo Dios, nos podemos imaginar a ellos relajados y confiados.

**La personas de Flor del Campo como crucificadores**

Primero reflexionamos sobre Ramón y Alba identificándolos con Jesús, como personas oprimidas, sufrientes, enfrentando la amenaza de la muerte. Esto es porque creo que si

Jesús estuviera caminando por las calles de Flor del Campo, él se hubiera relacionado con la mayoría de las personas. Él no estaría acusándolos de no lograr vivir como auténticos humanos, sino que él los invitaría y les daría el poder para lograrlo. Jesús les ayudaría a comprender como su humanidad está siendo crucificada por personas, fuerzas y sistemas. Sin embargo para experimentar la completa salvación, Alba y Ramón tendrán que reconocer que también ellos son crucificadores. Ellos crucifican a otros, y a ellos mismos.

**La vida y la muerte de Jesús**

La vida y la muerte de Jesús estuvieron conectadas integralmente. En el contexto de Jerusalén y el imperio romano la muerte de Jesús en la cruz no fue un error legal que Dios orquestó para satisfacer la necesidad divina de la muerte de una persona sin pecado con el fin de lograr el balance de la cuenta legal en el cielo. Jesús no murió por una casualidad o desgracia. La vida de Jesús provocó hostilidad que causó su muerte. Jesús tomó la iniciativa de ayudar a los otros a vivir como auténticos humanos, tal como Dios los creó al principio. Con amorosa aceptación Jesús levantó a muchos avergonzados. Por amor también el trato de poner en su lugar a aquellos que vivían pisoteando la dignidad de los marginados (mujeres, niños, enfermos y "pecadores"), comportamientos que los hacían sentirse superiores. Al hacerlo Jesús buscaba que la conciencia del opresor (fariseos, maestros de la ley, publicanos y otros) pudiese salir del error en el que se hallaba.

Jesús también confrontó sistemas, prácticas y creencias de la sociedad que actuaban como barreras para que las personas vivan como auténticos humanos y en verdadera familia. Por ejemplo, como en Flor del Campo en la actualidad, en los tiempos de Jesús muchas personas establecían estrictos límites religiosos que separaban y excluían. Por medio de sus palabras y acciones Jesús enfrentó la práctica de trazar líneas divisorias. Él no sólo chocó con los líderes religiosos, sino también con las ideas que la población en general tenía acerca de Dios. En contraste de ver a Dios como el vengador que traería la gloria de Israel y castigaría a los opresores de Israel, Jesús revela a un Dios de gracia incomprensible que incluiría en el reino de Dios a muchos quienes otros consideraban como sin valor.

Ciertamente los líderes religiosos tuvieron razón al ver a Jesús como una amenaza, aunque los actos subversivos de Jesús llegaron más allá de lo religioso. Como en la actualidad en Honduras, la sociedad Palestina de la época de Jesús provee claros marcadores de estatus[11] que Jesús derrotaba constantemente tratando con honor y respeto a aquellos que no tenían estatus. Esto no lo hizo para levantarlos a una posición de poder y privilegio, sino para destruir aquella estructura de la sociedad que apoyaba y perpetuaba estas distinciones. Dos prácticas que Jesús confrontó eran la reciprocidad balanceada y el clientelismo.

Las personas de la Palestina del primer siglo daban y recibían regalos entre las familias sin preocuparse por devolver el favor. Sin embargo fuera de las familias, la norma era distinta: el intercambio directo de cosas de valor aproximado entre las personas, dentro de un corto periodo de tiempo. Igualmente hoy día en Honduras las personas tienen la práctica de hacer un favor después de recibirlo, es decir devolver el favor, tratando de hacer lo correcto y evitar ser deudor a los otros.

En la Palestina de la época de Jesús otra barrera para vivir como auténticos humanos en amorosa conexión con los otros fue el sistema de clientelismo: sistema de relación basado en la inequidad entre dos personas. El patrón tiene recurso social, económico y político que necesita el cliente, en cambio, el cliente da expresión

---

11 Esto no implica que dos sociedades midan el estatus de igual forma. Necesitamos recordar que el estatus en los tiempos de Jesús (y en menor medida también en Honduras) no estuvo simplemente relacionado a los ingresos económicos, sino a un complejo fenómeno incluyendo la pureza religiosa, herencia familiar, posesión de tierra, vocación, etnicidad, género, educación y edad. Ver Joel. B. Green, "¿Good News to Whom? Jesus and the 'Poor' in the Gospel of Luke", en *Jesus of Nazareth: Lord and Christ. Essays on the Historical Jesus and New Testament Christology*, ed. Joel B. Green y Max Turner, Wm. B Eerdmans, Grand Rapids, Michigan, 1994, pp. 59-74.

de lealtad y honor útiles para el patrón. El sistema de clientelismo no es tan fuerte en Flor del Campo como en las zonas rurales de Honduras. Esto, sin embargo, florece en el terreno político donde el poderoso distribuye beneficios a cambio de apoyo a aquellos que están debajo de ellos. Y en una manera general las personas de Flor del Campo están envueltas en esta relación donde aquellos, en necesidad, son controlados por los "patrones" con quienes están en deuda. El resultado, en Palestina y en Flor del Campo, es un círculo de obligación que nunca termina, donde dar el "regalo" es parte del ciclo de pago y deuda.

Jesús se reveló contra el sistema de clientelismo y la práctica de devolver favores, en forma, recíproca por medio de enseñar a sus seguidores a dar sin esperar nada a cambio, y enseñando que el que quiera ser grande entre ellos sería el sirviente del más pequeño. En general Jesús anuló las distinciones basadas en el estatus social de su época y desafió a las personas a aceptar lo que previamente era inaceptable como si fueran familia. Este ataque al *statu quo*, sin embargo, encontró resistencia.

Los residentes de Flor del Campo se sienten atrapados por el sistema político y económico, que está ayudando al rico a conseguir más riqueza mientras el pobre encuentra cada vez más difícil comprar comida para su familia. Ellos hablan despreciablemente de los oficiales del gobierno que se enriquecen por medio de la corrupción, pero las personas en Flor del Campo se sienten sin posibilidades de cambiar su situación, situación que impide su habilidad para vivir a plenitud como seres humanos. Las personas comunes del tiempo de Jesús tuvieron las mismas quejas, y algunos vieron a la revolución armada como solución. Aunque había diferencias importantes entre Jesús y esos revolucionarios, su proclamación de la venida del Reino de Dios y su crítica a los gobernantes de su día provee suficiente similitud con la posición revolucionaria, tanto así que Jesús pudo ser presentado como una amenaza al sistema político y social romano. Sus encuentros con el diablo y los demonios muestran que no solamente fueron unos gobernantes humanos los que percibieron a Jesús como una amenaza.

Tal vez solemos elogiar fácilmente la vida de Jesús, pero necesitamos tomar en serio el hecho de que su estilo de vida provocó a los poderes y a las personas de su tiempo a matarle. En el Jesús humano encontraron al Dios encarnado, y ellos lo rechazaron y lo mataron. Aparentemente el Dios que Jesús proclamó, cuyo reino Jesús introdujo dentro de la historia humana, no era la clase de Dios que las personas buscaban. Las personas de su tiempo se juntaron y mataron a Jesús tan igual como las personas se unen durante años, por medio de la violencia, contra un enemigo común. Ellos rechazaron a Jesús tan igual como en todos los tiempos las personas han estado dispuestas a ridiculizar, aislar o matar a aquellos quienes han confrontado o desafiado las normas de existencia de la comunidad. Los profetas de Israel, podemos recordar, ejercieron una fuerza de desestabilización y muchos de los profetas fueron constantemente rechazados por las personas a quienes ellos fueron enviados. Los profetas no fueron los únicos que sufrieron. Muchas personas dañan, roban, humillan y otros aun matan a sus vecinos porque piensan que de esa manera mejorarán su situación en la vida. En Jesús, sin embargo, las personas no sólo encuentran a otro humano, sino al Hijo de Dios quien vivió en obediencia a su Padre y quien fielmente representó el propósito de Dios en palabras y hechos. Las personas encuentran a alguien que vivió como un auténtico humano tal como Dios nos creó para vivir. Y su respuesta fue matarlo. Enfurecidos, ellos hicieron con la humanidad de Jesús lo que ellos han hecho cada día a su propia humanidad: ellos lo mataron. Como escribió Margaret Alter: "Rabia religiosa insistía que... Jesús tenía que morir, y él sí murió. La rabia no fue de Dios. Fue humana: de nosotros. Era miedo humano de perder el control sobre... nuestra dignidad ante Dios; era nuestro terrible miedo de finitud o limitación".[12] Matando a Jesús ellos mataron a Dios, a su prójimo, su auténtica humanidad y así gráficamente exhibieron su alienación de Dios, de los otros

---

[12] Margaret Alter, "Theological Insights as Therapeutic Interventions," *Radix* # 26 (1) 26.

y de ellos mismos.¹³

Estas tres facetas de la crucifixión: de Dios, de los otros y de uno mismo es repetido diariamente en Flor del Campo por la forma en que las personas eligen pensar en Dios como poderoso, distante y una figura que está acusando, en lugar de un misericordioso Dios quien lleva nuestro dolor. La crucifixión es repetida cuando las personas lastiman y pisotean a otros, y cuando las personas rechazan su auténtica humanidad para ambicionar ser más de lo que en realidad ellos son, o cuando ellos viven como menos que humanos, menos de lo que Dios nos creó para ser. Como Gayle Gerber Koontz observa, "somos humanos pecadores cuando contribuimos a la corrupción, o con la distorsión de la relación con Dios, el prójimo y la tierra, cuando fomentamos las bases para las posturas 'ser-solo, ser-contra, ser-arriba o ser-abajo'... en vez de 'ser-con, ser-para, ser-juntos'".¹⁴

**La cruz como un espejo**

Necesitamos mirar a la cruz no sólo en el sentido de cómo lo hicieron en el primer siglo, sino como un espejo que nos permita mirarnos honestamente y la manera que expresamos las mismas tres facetas de alienación: alienación de Dios, del prójimo y de uno mismo. Cuando Ramón y Alba, junto con otros cristianos, entren en esta forma de auto examinación, ellos podrán ver la triste realidad de la cual estuvieron participando en su propia muerte. El intento de Alba de poner fin a su vida fue, en este sentido, nada menos que la severa expresión de sus actitudes autodestructivas. Los crucificados también son crucificadores.

Los evangelistas en Flor del Campo a menudo tratan de aumentar o provocar los sentimientos de culpa y miedo de las personas. Los acusan diciéndoles que ellos mataron a Jesús, que ellos lo clavaron en la cruz. Me he sentado con personas como Alba y Ramón, mirando a la cruz como un espejo de nuestra vida y realidad, no para asustarlos o provocar sentimientos de culpa, sino para que ellos puedan experimentar libertad de su estilo de vida crucificadora. Por supuesto en conversaciones actuales tal vez usaría otras palabras diferente a "crucificadores", para ayudarlos a reconocer su auto alienación. También haría algo diferente de los evangelistas que hablan acerca de la muerte de Jesús como punto de contacto, me sentaría con Alba y Ramón a mirar este espejo sólo después que hayan comenzado a experimentar la amorosa compasión de Dios hacia ellos, que han sido marginados y "crucificados". Sólo después estarían listos para experimentar el mensaje de la cruz como palabra de juicio y de amor.

Aun así, para Alba y Ramón al mirar a la cruz como un espejo y al verse ellos mismos como crucificadores, y no sólo como crucificados, dolerá. Será doloroso ver cómo han sido cruelmente alienados de ellos mismos, de los otros y de Dios; y de ver cómo ellos han sido atrapados por los poderes y las fuerzas, como el machismo, marianismo, la religión, los roles impuestos por la sociedad e indicadores de estatus, que entorpecen la vida como auténticos humanos y son barreras para vivir como una verdadera familia. Será doloroso ver que por medio de su propia actitud y comportamiento ellos han participado de las tendencias y acciones humanas que clavaron a Jesús en la cruz.

Mirando a la cruz, en este sentido, entonces se puede dar a conocer cómo el retiro de Alba al silencio, su auto rechazo y su esfuerzo religioso al igual que el machismo orgulloso de Ramón y su auto humillación servían para alimentar el ciclo de falsedades mutuas entre ellos y las personas con quienes ellos se relacionaban. Ambicionando ser algo más y escondiéndose hacían que el ciclo de alienación girara con gran poder.

Cuando me sentaba con grupos de personas de Flor del Campo y mirábamos a la cruz como una forma para iluminar nuestras maneras crucificadoras y nuestra esclavitud a los poderes de la muerte, observamos que esto es más que evidente en la historia de Ramón y Alba. Reflexionamos no tanto en personas como vendedores de drogas y políticos corruptos quienes son comúnmente considerados como "malos", sino más bien en personas, más parecidas a aquellos que actualmente mataron a Jesús, quienes no verían sus acciones como malas. Hablamos de los nuevos ricos hondureños quienes se aprovechan de las estructuras y que explotan a otros; o el miembro fiel de la iglesia quien tiene la seguridad que es mejor que otros y condena a su vecina por su esporádica asistencia a la iglesia y le dice que ya no tiene la salvación desde que se cortó el cabello. Pensamos acerca de alguien que trabaja en una ONG en el campo de la salud pública que ve la importancia del lento y duro trabajo de la educación, pero continua, con una tensión interna de enfocar su trabajo en proyectos que produzcan rápidos resultados satisfactorios y que su institución de una apariencia de efectividad para que los donadores continúen con el apoyo. Mencionamos al hombre quien planeó tomar venganza para proteger el honor de su familia. Y hablamos con dolor de las mujeres que escuchan calladamente, mirando hacia el piso, mientras su concubino otra vez la acusa de no ir realmente a la cooperativa de comida, sino a ver a otro hombre (aun cuando en realidad él fue quien estuvo con otra mujer). Ella está aliviada de que esta vez no le pegó. Cuando él va al bar ella plancha sus camisas y pantalones para que él luzca bien presentado para el día siguiente, y así ella no sentirá vergüenza de las personas que hacen comentarios despectivos acerca de la esposa que deja salir a su hombre con ropas arrugadas.

 Estas personas probablemente no interpretarían sus acciones como consecuencia de la alienación de Dios, de ellos mismos y de los otros, ni probablemente se mirarían a sí mismos como influenciados y esclavizados por los principados y poderes. Más probable es que ellos verían sus acciones como necesarias, normales y apropiadas, tal vez aún como buenas. Sin embargo, cada acto les lleva a perpetuar el círculo de desamparo, atrapados en el ciclo de alienación que nunca termina. El efecto combinado de estas "necesarias", "normales" y "buenas" acciones son el sufrimiento y violencia vista en la actualidad en Flor del Campo.

 Podemos juntar dos corrientes acerca del significado revelador de la cruz volviendo al relato de Adán y Eva que usé para definir la humanidad auténtica. El nuevo Adán, Jesucristo, nos revela un humano viviendo sin vergüenza o miedo como habían vivido Adán y Eva antes de la caída. Jesús valida nuestra humanidad finita y nos invita a vivir sin máscaras. Como Dios encarnado, en la cruz, Jesús el Cristo nos revela a un Dios notablemente diferente del Dios de las personas de Flor del Campo. Estas personas tienen miedo de Dios y viven con miedo de Él. De esa manera la cruz enfrenta el elemento clave de nuestra alienación de Dios.

Sin embargo como hemos visto, Jesús como el nuevo Adán y Jesús como Dios encarnado fueron rechazados y asesinados. En este sentido la cruz nos revela a nosotros y a las personas de Flor del Campo que, nosotros hemos seguimos viviendo como Adán y Eva vivieron en el profundo fango de pecado. Es decir estamos separados de Dios, de nosotros mismos y de los otros.

En la cruz, sin embargo, el nuevo Adán hace más que revelar e iluminar; él liberó. Como Pablo declaró con convicción, por medio de los actos de un hombre justo todos tenemos la posibilidad de una nueva vida en buena relación con Dios y con los otros (Ro. 5:18-21).

### El significado salvífico de la cruz y la resurrección: segunda parte

Cuando uno actualmente proclama un mensaje de expiación en las calles de Flor del Campo no hay razón para separar y distinguir entre las maneras en que la cruz salva por revelación y la manera en que Dios actúa objetivamente por medio de la cruz y la resurrección para sanar la brecha entre Dios y nosotros. Hice la distinción para poder entender mejor tanto el escándalo de la cruz como el profundo y amplio significado salvífico de la cruz y de la resurrección para los que están en una situación como la de Flor del Campo. Sin embargo no es necesario hacer tanta distinción y separar la obra reveladora (subjetiva) y la obra objetiva. La realidad es más integral que la separación hecha en este capítulo.

¿Cómo actuó Dios para salvarnos? Tal vez una repuesta sencilla es la expresión bíblica que dice que Jesús murió por nosotros, él murió por nuestros pecados.[15] Una forma de comprender el significado de esta frase es reconocer que aquellos que mataron a Jesús, nos representaron, y que todos estuvimos envueltos en esa tragedia. Como vimos en la sección previa Jesús proclamó un mensaje radical de misericordia y aceptación, la cual también vivió. Sin embargo, muchos resistieron y rechazaron el Reino de Dios que Jesús vivió y proclamó. En respuesta Jesús dijo palabras y parábolas de juicio. Sin embargo, él no se retractó de su mensaje de amor incondicional, de la invitación a todos a reunirse con él en una mesa de amistad. Él no dijo "tu no hiciste lo necesario para lograr el amor y la aceptación de Dios". Más bien con una afectuosa preocupación él les advirtió de la consecuencia para ellos y los otros por rechazar la misericordia de Dios, y de arraigarse cada vez más firmemente en una sociedad acostumbrada a la devolución de favores y a devolver mal por mal, a una religiosidad que busca el estatus religioso y trazar líneas de exclusión y, fundamentalmente, a un paradigma que equivocadamente imagina a Dios con amor condicional. Ellos sufrirían, y también harán sufrir a los otros, los castigos reales de la sociedad y religiosidad, como el vivir con miedo del "Dios" en que ellos han creído.[16] En su persistente esfuerzo de amor e inclusión, sin embargo, Jesús tomó en sí mismo el destino sufriendo por los otros. Jesús fue sin pecado, pero cargó las máximas consecuencias de nuestros pecados, de nuestra falta de confianza en Dios. Podemos decir que Jesús murió por nosotros, y en este sentido la muerte de Jesús fue directamente causado por las pecaminosas acciones humanas y porque él entró en nuestra situación y cargó las máximas consecuencias de la alienación que no fue de él sino nuestra. Él sufrió en nuestro lugar para salvarnos de las máximas consecuencias de nuestro pecado.

---

15 Por ejemplo: Ro. 5: 6; 1Co. 15: 13; 1Ts. 5:10.
16 Raymund Schwager ofrece una interpretación interesante de las parábolas de Jesús sobre el juicio, que ha contribuido en mi comprensión sobre la dinámica de rechazo/juicio que describo en estas dos secciones (*Jesús in the Drama of Salvation: Toward a biblical Doctrine of Redemption*, Crossroad, 1999, New York, NY., pp. 53-59, 195-196.

¿Cómo es que Jesús, muriendo como resultado del pecado humano, provee a Alba y Ramón libertad de la alienación y esclavitud que les empuja a crucificar a Dios, a ellos mismos y a los otros? Podríamos responder a esta pregunta de numerosas formas. Exploraré tres imágenes que comunican una respuesta a esta pregunta en una forma que sea compatible con el contexto de Flor del Campo. Dios en Jesús provee salvación por medio de la cruz que actúa como una roca que detiene el remolino, que provee perdón y que expone la falacia de la supuesta dominancia de los poderes.

**Deteniendo el ciclo**

Las personas de Flor del Campo están atrapadas en un ciclo de actitudes y acciones que son anti-humano y anti-familia. Esto es como si ellos estuvieran dentro de un gran remolino en un río embravecido, como uno de los que ellos han visto cuando las tormentas transforman el pequeño río que gira por medio de los barrancos al borde de su barrio en un torrente embravecido. Como sus acciones están enraizadas en la alienación terminan pateando y moviendo sus brazos tan desesperadamente que hacen que el remolino gire más rápido y que los succione.

Por ejemplo, la acción de Alba escondiéndose para protegerse por medio del silencio y su esfuerzo religioso la llevó a estar menos conectada con ella misma, con los otros y con Dios. Al alejarse o al adoptar estrictas y demandantes prácticas religiosas sólo incrementó su alienación. Para Ramón, al actuar en una manera excesivamente humilde y al negarse a decir cuánto merecía ganar por el día de trabajo, no hizo que se aleje el remolino que lo atrapa en opresiva pobreza de cuerpo y espíritu. Su miedo a pararse con dignidad como auténtico humano causó que el remolino girara más rápido. La escena en el bar intentando esconder su miedo y su inseguridad con violencia excesiva provee un claro ejemplo de la dinámica de este remolino. Uno pudiera pensar que cuando Ramón mató a Jorge, él terminó ese ciclo machista de violencia, sin embargo, es más probable que uno de los parientes de Jorge actuará para defender el honor de la familia. Si ellos siguen viviendo según la definición machista de honor y lo que significa ser un verdadero hombre, el ciclo continuará igual que el remolino en el río embravecido. Las acciones al tratar de eclipsar definitivamente a otro, o de matar a otro no detiene el remolino. Esas acciones siempre y sin excepción hacen girar más rápido porque ellos son parte de la misma corriente de alienación e inseguridad que ha comenzado el remolino al principio.

    La vida de Jesús revela una libertad de esta dinámica y su muerte en la cruz rompe el ciclo en una forma que hace disponible esta libertad para otros. Como mencionamos, Jesús confrontó modelos, sistemas y poderes que impidieron a las personas vivir juntas como una familia de auténticos humanos. Él no promovió simplemente una nueva opción religiosa o partido político, él no sólo cambió las definiciones de estatus o privilegio. Todas estas acciones, aunque dando la apariencia de cambio radical, simplemente hubiera redireccionado el remolino, pero no lo hubiera detenido. Como Vernard Eller dice, la única forma efectiva para detener un remolino es introducir un punto fijo. El remolino se disipa rápidamente cuando choca con una roca que le impide el girar.[17]

    Ramón empujando a Jorge y Jorge atacando a Ramón con una botella, causó que el remolino girara aún más rápido. Cualquiera de ellos tuvo la oportunidad de actuar como una roca con el fin de disipar el remolino ya sea ignorando el empujar o insultar y quedándose en silencio, como Jesús hizo en el Getsemaní cuando dijo a Pedro que guarde su espada. Este incidente se compara en una forma directa con lo sucedido en el ejemplo del bar, pero en realidad la mayoría de las acciones de Jesús, que promovió vida y resistió a las fuerzas de la división y la muerte, pueden ser entendidas como destruyendo remolinos, ya sea sanando a un leproso, respondiendo de la manera que lo hizo cuando atraparon

---

17 Vernard Eller, *War and Peace from Genesis to Revelation,* Herald, Scottdale, Pennsylvania, 198, pp. 161-163. Eller tomó esta imagen de Soren Kierkegaard y lo desarrolló en relación a la cruz.

a la mujer en el acto de adulterio, enseñando de los peligros de la riqueza y el dinero, rechazando el sistema de clientelismo o relación patrón-cliente, y comiendo con aquellos marginados de las sociedad.

Como hemos visto, el hecho de que Jesús se opusiera a girar en la misma dirección, como otros, creó tensión y hostilidad. Esto lo llevó a la cruz, cuando las personas alienadas, influenciadas por los principados y poderes, trataron de poner fin la vida de Jesús de una vez por todas por medio del soborno, falsedad, humillación y una vergonzosa muerte. Jesús no se opuso violentamente a estas fuerzas, sino en lugar de esto actuó como una roca contra aquella poderosa fuerza que golpea, absorbiendo la energía del remolino y deteniéndolo. En una manera definitiva la cruz rompe el ciclo de aumento constante de alienación y violencia porque en él se absorbió el peor de los actos de violencia en el mundo -el asesinato del Dios encarnado. Dios no respondió a esto con retribución violenta buscando venganza, sino con amor perdonador. El mayor acto de odio fue respondido con el mayor acto de amoroso perdón.

Los ciclos de alienación continúan girando en nuestro mundo. Parece que ellos son vistos a cada momento en Flor del Campo y en muchos contextos similares de Latinoamérica. Pero por la acción decisiva de la cruz que rompió el remolino, Alba y Ramón, juntos con sus familias cristianas, saben que los remolinos del pecado no son las fuerzas más poderosas y que, con la ayuda del Espíritu de Jesús, ellos pueden resistir ser arrastrados por el remolino. Al estar juntos parados como una roca ellos pueden detener los remolinos.

**Perdón**

El significado salvífico de la cruz llega aún más profundamente en la vida de Flor del Campo. La alienación de Ramón y Alba no es abstracta. Como crucificadores ellos concretamente han lastimado a otros, a Dios y a ellos mismos. Están alienados de Dios, y el hecho de tener una relación rota con Dios los conduce a vivir en unas relaciones de alienación con los otros y con la creación misma. Reconocer sus prácticas crucificadoras por medio de la iluminación de la cruz es útil, pero esto en sí mismo no restaura la relación dañada. Por medio de la cruz, sin embargo, Dios también toma la iniciativa y provee perdón, la clave para restaurar la relación.

En la cruz, los humanos hemos mostrados nuestra alienación y nuestra falta de fe al matar a Jesús. Dios experimentó lo peor que los humanos podían hacer. Jesús sufrió humillación y una dolorosa muerte y Dios el padre sufrió la pérdida de su Hijo por medio de una vergonzosa ejecución. Aún en la cruz Jesús dijo "padre perdónalos; porque ellos no saben lo que hacen" (Lc. 23:34). Cuando Jesús perdonó a quienes lo crucificaron, él no sólo los perdonó por el acto específico de la crucifixión, sino más profundamente por sus actitudes y comportamientos que lo llevaron a la cruz. Él los perdonó por su rechazo a la gracia de Dios revelada en Jesús y por su rechazo a la humanidad auténtica modelada por Jesús. Dios, sin embargo, provee más que un decreto de perdón. Por medio de la resurrección Jesús regresó a sus discípulos como una presencia perdonadora concreta, no con reprimendas, avergonzando o buscando venganza por sus traiciones y deserciones, sino tomando la iniciativa de mostrar amor y restaurar relaciones.

Por supuesto Dios había perdonado antes y Jesús previamente demostró una posición de misericordia con sus discípulos y otros. Pero la profundidad de la ofensa de la cruz muestra que el perdón de Dios a ese acto tan ofensivo también llega a los peores pecados. Dios perdonó y perdonará lo peor que podamos hacer. La poderosa onda de perdón se extiende a Flor del Campo en la actualidad perdonando a las personas por los actos de la crucifixión repetida diariamente en Flor del Campo cuando ellos rechazan a Dios, lastiman y pisan a otros y rechazan su humanidad auténtica.

El perdón remueve una barrera que está entre nosotros y

Dios. Es un paso hacia una renovada relación que se inicia con la gracia de Dios que actuó en la cruz y por medio de Jesús el resucitado. Cuando Dios perdona a Ramón, sin embargo, esto no es un evento aislado, un cambio entre Ramón y Dios solamente. El perdón de Dios marca la inclusión de Ramón en la familia de Dios y también llama a Ramón a actuar con perdón hacia los otros.

**Desarmando los poderes**

Pablo escribió de Jesús: "Y despojó a los principados y a las autoridades y los exhibió públicamente, triunfando sobre ellos en la cruz" (Col. 2:15). Esta afirmación es muy relevante en Flor del Campo. Los líderes terrenales, con los principados y poderes que los utilizaban, ciertamente pensaron que ganaron el día cuando Jesús dio su último aliento. Pablo es claro, sin embargo, que la crucifixión de Jesús expuso a los poderes, revelando la desilusión de su supuesta dominancia. Habrá parecido irónico como en los días de Pablo, así como en Flor del Campo en la actualidad, pero el testimonio del Nuevo Testamento es claro que en la debilidad de la cruz es revelado el poder de Dios.[18] Otros poderes pueden ser catalogados como pseudo poderes. En la actualidad en Flor del Campo los poderes continúan actuando como si los humanos no tuvieran opción, sino seguir y obedecer, pero su pretensión es falsa. Jesús ha triunfado sobre los poderes. La mentira de los poderes ha sido expuesta por la cruz. Por consiguiente, los humanos son libres de las influencias cuando llegan a reconocer que por la victoria de Jesús esas fuerzas no tienen poder sobre nosotros. Las personas de Flor del Campo pueden resistir los poderes tales como: marianismo, machismo, materialismo, el sistema de clientelismo y los indicadores religiosos y sociales que dividen y separan.[19]

---

18 Note como en 1Co. Pablo escribió cómo muchos percibieron a la cruz tanto como locura y debilidad (1:18-25) pero también escribió de su poder para salvar; si los poderes de ese mundo hubiesen entendido esto, ellos no hubieran crucificado al Señor (2:8).
19 Yo argumenté en otro trabajo el por qué es apropiado incluir fuerzas como las mencionadas en esta sentencia entre el concepto paulino de principados y poderes (Mark D. Baker, "Responding to the Powers: Learning From Paul and Jesus" [M. A. Thesis, New College for Advanced Christian Studies, Berkeley, 1990]).

Juntos con otros cristianos Ramón y Alba pueden decir "no" a las fuerzas que condicionan sus vidas de tal forma que les impida vivir auténticamente como familia.

Como es sugerido en el párrafo previo, la imagen de la cruz desarmando los poderes podría ser desarrollado con relación a varios poderes de esclavitud en el contexto de Flor del Campo. El texto del segundo capítulo de Colosenses se presta a hablar acerca de este tema con relación al poder de la religión, como Pablo escribió acerca del triunfo de Cristo sobre los poderes en medio de una discusión de la religión como un poder esclavizador. Esta sección en Colosenses comienza mencionando a los principados y los poderes (2:8, 15) y es seguido por la expresión "por tanto" (2:16) que luego continúa hablando acerca de aquello que he clasificado como esclavitud de religión y para lo cual las personas de Flor del Campo pueden dar ilustraciones con los ejemplos de sus vidas. La religión acusa a las personas de Flor del Campo de no alcanzar la medida, así como la fuerza de la religión definió que Jesús merecía morir. Por medio de la cruz, sin embargo, Jesús expuso la falsedad de la religión y en esencia "anuló" el decreto de acusaciones de la religión contra nosotros (2:14). Por esto podemos entender lo que Pablo nos dice, que Dios nos perdona el error y el pecado de nuestra distorsionada relación con El, y del pecado de permitir que la religión defina cómo podemos establecer una relación con Dios (2:13). También Dios anuló la demanda legal que la religión nos dice que debemos cumplir para ser parte del pueblo de Dios. Dios nos perdona aún por la gran deuda de crucificar a su Hijo. Con ese perdón Dios arruinó el poder de la religión. ¿Cómo puede la religión poner el lazo legal contra nosotros por algo que Dios ya perdonó? El lazo impuesto por los poderes nos aprisiona en nuestras deudas, haciéndose estos lazos más grandes de lo que en realidad son aún para Dios. Dios perdona nuestros pecados y expone la mentira del poder de la religión. Esta es buena nueva para Alba y otros como ella en Flor del Campo.[20]

---

20 Para un estudio más amplio sobre la actual religiosidad en Flor del Campo y el mensaje de Pablo contra la religión en Gálatas vea: Marcos Baker, *¡Basta de Religión!*

Comencé esta sección diciendo que Jesús el Cristo murió en nuestro lugar y sufrió las máximas consecuencias de nuestros pecados. Hemos visto que al hacer esto en la cruz, Jesús entró en nuestro interminable ciclo de violencia y alienación y lo detuvo, no por medio de superarlo con poder, sino absorbiendo esa fuerza. También vimos que Jesús fue atravesado por el impacto completo de nuestro pecado, pero él respondió con perdón removiendo una barrera de nuestra relación con Dios. Finalmente vimos que por medio de la cruz y la resurrección, Jesús expuso la mentira de los poderes esclavizantes y los removió de su posición de dominancia. Estas acciones combinadas con los aspectos subjetivos de la cruz y la resurrección previamente discutida proveen la posibilidad de una nueva vida en Flor del Campo: la posibilidad de vivir como humanos auténticos en una verdadera familia con los otros que han experimentado el poder salvífico de la cruz y la resurrección. En la actualidad Alba es parte de una comunidad cristiana, al estilo de lo que he llamado familia en este capítulo. Voy a terminar nuestra discusión observando brevemente cómo ella y otros, en esta familia, han experimentado el significado salvífico de la cruz y la resurrección.

**Miembros de la familia bajo la cruz**

Alba ha experimentado la salvación. Aunque en ciertas situaciones ella lucha con su tendencia de esconderse, la cruz y el amor que ella ha experimentado en una familia producida por la cruz y la resurrección la ayudaron a florecer. Alba ama y ahora está abierta para recibir amor. Ella comparte sus ideas en los estudios bíblicos, visita a otros que están sufriendo y en necesidad. Ella ha tenido el valor de ir contra las normas del marianismo y trabajar con su esposo en una fábrica de zapatos, una profesión exclusivamente masculina en Honduras.

Para Mario, el esposo de Alba, por medio de su encuentro con Jesús crucificado y resucitado, le permitió experimentar perdón por sus pecados pasados y restauración en la familia de Dios, y él ha visto la mentira del machismo y ha sido librado del alcoholismo y sus tendencias machistas. Llegó a ser un cariñoso padre, un hombre sin vergüenza para llorar, un hombre dispuesto a ignorar a aquellos quienes se burlaban de él por no poder suplir las necesidades de su familia y, por no "poner a su esposa en su lugar" cuando Alba comenzó a hacer zapatos. Es un hombre que ahora participa en la iglesia, no por miedo del infierno, sino como una respuesta al amor que él ha experimentado de Dios, incluyendo el amor de Dios expresado por medio de los otros en la familia eclesial. Mario y Alba han profundizado su relación cariñosa uno con el otro e invitan a las parejas vecinas para que se reúnan juntos en su casa donde todos hablan acerca de sus luchas familiares. Mario y Alba comparten con otros desde su experiencia el tratar de tener un matrimonio caracterizado por la honesta vulnerabilidad y apoyo mutuo.

Mario y Alba no están solos. Juan, otro hombre de su familia eclesial, ha trabajado por años para contrarrestar la injusticia y aliviar la pobreza por medio de su participación en varios movimientos populares y en organizaciones tanto cristianas como seculares. Para Juan la obra salvífica de la cruz y la resurrección le han ayudado a exponer las mentiras tanto de las fuerzas que mantienen a su pueblo atrapado en la pobreza como las mentiras de las soluciones superficiales y temporales administradas por las personas sentadas en lujosas oficinas. La cruz y la restauración a la familia de Dios ha provisto a Juan la esperanza y el apoyo necesario para ir contra la corriente y trabajar incansablemente por mucho tiempo sobre soluciones de base.

Y Arely, ha experimentado el significado salvífico de la cruz por medio de la acción de la cruz que expone las mentiras de la religión legalista y mostrar que el dios que ella temía era un dios falso, no el Dios revelado por Jesús y la cruz. Arely fue muy activa en una iglesia legalista, pero como una adolescente mayor ella verdaderamente llegó a ser restaurada en la familia de Dios. Ella antes anhelaba sentir que pertenecía y que era aceptada por los otros miembros y por Dios -el padre de la familia. Ella vivió bajo la carga de guardar todas las reglas de la iglesia, luchando para llegar a ser parte del selecto grupo que tiene las posiciones de liderazgo -los únicos que según su idea obtendrían el cielo. El clima de condenación de la iglesia no era la familia que ella esperaba. Por medio de la cruz ella llegó a entender que Dios había tomado la iniciativa para salvarla. Por medio de la cruz y la resurrección ella experimentó el perdón de Dios y la restauración de su relación rota. La cruz le reveló que Dios estuvo mucho más interesado en mostrar su amor por ella que amenazándola para que ella obedezca un estricto código de vestimenta. Por medio del amor de Dios y de la aceptación de otros en la familia de Dios Arely experimentó una nueva libertad en una iglesia diferente. Libre del miedo y la vergüenza ella se desarrolló como una líder muy capaz, guiando a otros a experimentar el amor de Dios.

Con estos ejemplos se hace evidente que el significado salvífico de la cruz y la resurrección no están enfocados en un ajuste divino del estatus legal de las personas en el libro de la vida en el cielo. Jesús por medio de la cruz y la resurrección nos provee la posibilidad de vivir de manera distinta en la actualidad, y la presencia de Dios en nosotros por medio del Espíritu Santo nos ayuda expresarla. Esto no es, sin embargo, algo que pueda ser hecho individualmente. No es algo que Alba, Mario, Juan o Arely hayan hecho solos. Ser establecido dentro de una relación restaurada con Dios, es ser incluido en una comunidad, en una familia, en el pueblo de Dios.

Esto no es sólo una verdad teológica. Es una necesidad práctica. Cuando las mujeres y los hombres en Flor del Campo quienes han experimentado la salvación comienzan a levantar sus cabezas y a hablar cara a cara con aquellos que supuestamente son superiores a ellos, en lugar de aceptar el rol de auto desprecio designado a ellos por la sociedad, ellos desencadenan conflictos y necesitaran apoyo de una familia cristiana. Los hombres y las mujeres quienes se proponen a vivir sin ponerse una máscara, que provee la apariencia de ser más que humanos, experimentaran inseguridad y necesitaran el apoyo de otros. Cualquier intento de vivir como Dios había planeado que viviéramos cada uno de nosotros, como auténticos humanos, requiere de una comunidad de personas quienes hacen lo mismo. Es muy difícil hacer esto solos mientras otros en una casa, iglesia o trabajo están viviendo de acuerdo a las normas y estándares de la cultura y la sociedad de hoy.

La cruz y la resurrección han desarmado los principados y los poderes, pero muchas personas siguen viviendo en sumisión y en esclavitud a ellos. Uno necesitaría la fortaleza y el apoyo de una comunidad cristiana para vivir en libertad de esos poderes: para rechazar las mentiras de los medios de comunicación y los anuncios comerciales que dicen a las personas que adquirir cosas les traerá estatus y felicidad; para resistir la presión de la religiosidad de trazar líneas de división y de ver la aceptación de uno mismo delante de Dios y de los otros basados en cumplir una lista de reglas claramente definidas; para resistir ser controlados por el espíritu de una institución que te dice que, uno no hace lo que es mejor para su barrio o ciudad, sino lo que es mejor para la institución; y para resistir la definición cultural de "verdadero hombre" o "buena mujer".

La cruz y la resurrección de Jesús ofrecen la posibilidad de restaurar la relación con Dios, con uno mismo y con los otros. Por la cruz y la resurrección las personas de Flor del Campo pueden ser parte de una familia que los apoya con amor y que les confrontan por amor, y que les permita escapar de la carga de intentar vivir con la presión de cumplir con las expectativas o ideales destructivos del machismo, marianismo, religión legalista y libre de la esclavitud de jugar el rol esperado para la persona humilde.

## Conclusión

Le invito a responder a lo que ha leído de dos maneras.

Primero a reflexionar y meditar en cómo facetas de la obra salvífica de la cruz, explorados en este capítulo, pueden ayudarle a experimentar en una manera más profunda las Buenas Nuevas del Evangelio. Le invito a abrirse al Espíritu de Dios para que éste pueda obrar en aspectos de su vida que se asemejan a lo que vimos en las vidas de Ramón y Alba. ¿Cómo es que por la vida de Jesús, la cruz y la resurrección Dios puede ayudarle a vivir como un auténtico humano?

Segundo, le invito a no solo usar una explicación de cómo la cruz salva sino a usar varias imágenes que comuniquen la profundidad y amplitud del evangelio y el mensaje de la cruz. En este capítulo vimos como Dios en Jesús provee salvación por medio de la cruz que actúa como una roca que detiene el remolino, que provee perdón y que exhibe la falacia de la supuesta dominancia de los poderes. Puede utilizar y adaptar esas imágenes y desarrollar otras que surjan de sus propios contextos y experiencias. También le invito a pedir que Dios le muestre a aquellas personas a su alrededor que al igual que Ramón y Alba están esclavizados a poderes de alineación y que necesitan experimentar la libertad del evangelio de la cruz.

Espero y oro que por la experiencia de leer este capítulo y de compartir el mensaje de la cruz con otros, pueda experimentar de una forma más genuina la comunidad cristiana que en este capítulo llamo auténtica familia.

## Apéndice:
### Reflexiones sobre la contextualización en éste capítulo

¿Por qué Jesús tuvo que morir? La discusión de la expiación típicamente comienza con esta pregunta. En este capítulo, sin embargo, reflexionamos con un enfoque diferente. Comencé viendo la realidad de un barrio pobre en Honduras y observando cuan duro es para las personas vivir como auténticos humanos y relacionarse con los otros en abierto y amoroso relacionamiento: como una verdadera familia. Luego pregunté ¿cuál es el significado salvífico de la cruz y la resurrección para este contexto o esta situación? El enfoque es contextual no sólo porque lo tomé de una teoría de la expiación que, de antemano, es vista como el único modelo correcto para explicar cómo la cruz provee salvación, y traduje ese modelo para que los de otro contexto puedan entenderlo. Sino es contextual porque el contexto mismo ayuda a determinar qué modelos o imágenes son usados.

Al decir que comenzamos con preguntas que surgen del ambiente social y permitir que estas preguntas influencien en nuestro hablar acerca de la expiación, no significa que el contexto es la final y máxima palabra acerca del significado de la cruz. Si así fuera el caso la cruz fácilmente puede perder el carácter escandaloso, y puede perder su capacidad de confrontar la cultura. Más bien deberíamos buscar hablar acerca de la expiación en una forma que es profundamente formada por la Biblia y la reflexión teológica de la iglesia a través de los siglos, de manera que sea formada en un nuevo contexto por los símbolos y valores que caracterizan ese contexto. En otras palabras nuestra teología y proclamación sobre la cruz debe ser una conversación entre la Biblia, la teología del pasado y el contexto de hoy. Se debe usar símbolos e imágenes de hoy que sean comprendidos por aquellos a quienes se les ha de comunicar el Evangelio, símbolos e imágenes que surjan de las mismas vivencias de cada pueblo, símbolos e imágenes que liberen y desafíen a los oyentes al igual que en los tiempos de Jesús, sin que esto deforme el Evangelio sino más bien lo revele cada vez más.

Para comunicar el significado salvífico de la cruz y la resurrección no necesitamos solamente repetir palabra por palabra lo que la Biblia dice al respecto utilizando imágenes propias de su época y contexto, ni repetir palabra por palabra lo que dijo Anselmo. Lo que necesitamos es utilizar imágenes que se ajusten a nuestros contextos. Esto no significa dejar de lado a la Biblia o a las teologías de otros lugares, si solo miramos nuestro contexto la tendencia sería una proclamación que es entendible pero que no confronta o no dice algo nuevo a nuestro contexto. Proclamar el significado salvífico de la cruz y la resurrección requiere que las narraciones de la Biblia y del contexto de hoy sean entretejidas, de modo que la relevancia de la cruz y la resurrección para la salvación humana pueda ser escuchada y abrazada como buenas noticias.

Por supuesto una discusión que hace una marcada diferencia entre "texto" y "contexto" es algo artificial. Es cierto que este capítulo lo comencé con una situación social particular en un barrio de Honduras, luego indagué acerca del significado salvífico de la cruz para los problemas encontrados allí. Aún así sé que la forma en que postulé la descripción del problema está profundamente influenciada por la interacción con los textos bíblicos y los recursos teológicos. Entonces, mi punto no es privilegiar el contexto o pretender que de una forma "neutral" necesitamos analizar el contexto. Más bien espero que este capítulo comunique el gran valor de usar un método contextual y misional para articular el significado de la expiación.

Creo que la teología de la expiación tiene que incluir una profunda y amplia conexión con la vida de las personas a lo cual apunta este capítulo. Puedo argumentar, de hecho, que es mucho mejor el comunicar la expiación en una forma que este entretejida en la narrativa de la vida de Jesús y las narrativas de nuestras vidas, entretejida en relaciones, entretejida en la experiencia de la comunidad cristiana y proclamada en una variedad de formas coherentes con este ministerio encarnado. La totalidad del significado salvífico de la cruz no puede ser comunicado en un sólo culto, más bien, puede ser y tiene que ser proclamado desde varios ángulos en diferentes tiempos.

# 9
# Diez facetas de la salvación por la cruz y la resurrección[1]

La obra salvadora de Dios es más fértil y más profunda que todas nuestras explicaciones sobre ella. Decir que una teoría de la expiación, es la explicación completa, es limitado. Necesitamos más de la cruz. Desafortunadamente muchos defensores de la teoría de satisfacción penal sostienen que es la única forma de aclarar acerca de cómo la cruz nos salva. La mayoría de sus comentarios sobre satisfacción penal están basados e influenciados por el concepto de justicia del sistema legal en nuestros países. Esto opaca a otras imágenes bíblicas de la salvación y nos dirige a poner el énfasis en la retribución, en vez de conceptos bíblicos más fértiles y más transformadores de justicia restaurativa. Dejar que la narración más amplia de la Biblia forme nuestro entendimiento de la expiación, nos permite experimentar de manera más fácil el significado completo de la salvación por la cruz. Una enseñanza bíblica de la cruz que es más fecunda, profunda, y amplia, nos ayudaría en gran medida al evangelismo, el discipulado y la misión de hoy.

Alguien recientemente me preguntó: "¿has escrito un libro

sobre la cruz?;[2] me ayudó mucho, [...] pero si la muerte de Jesús en la cruz no nos provee la salvación, apaciguando y satisfaciendo las demandas de Dios para el castigo, ¿cómo puede salvar la cruz?, ¿Me puedes dar una respuesta breve?". En vez de darle solo una respuesta, traté de demostrar la profundidad y amplitud del significado salvífico de la cruz, exponiendo una lista de explicaciones e imágenes. He añadido en este texto, sólo algunos puntos más de los que le había dado a esa persona espontáneamente en aquel momento. En este capítulo, comparado con mi respuesta original, he provisto una breve explicación de cada aspecto, que no pretende ser exhaustivo por dos motivos. Primero, la lista podría ser más larga, especialmente añadiendo imágenes (bíblicas y contemporáneas). Segundo, dichas explicaciones son esbozos para ayudar a los lectores a entender mis puntos, pero obviamente insuficientes para responder a todas las preguntas que uno tiene.[3]

**¿Salvados de qué?**

La Biblia retrata la acción salvífica de Dios en una manera amplia y profunda. Observamos a Dios salvando personas de muchas cosas, incluyendo: esclavitud, opresión, hambre, enfermedades, desesperación, injusticia, culpa, vergüenza, muerte, y opresión demoniaca. Dios demuestra su interés en lo que podríamos llamar una salvación integral que incluye toda la vida. Cuando buscamos debajo de la superficie de las cosas arriba

---

2 Mark D. Baker y Joel B. Green, *Recovering the Scandal of the Cross: Atonement in New Testament and Contemporary Contexts*, 2ª ed., IVP Academic, Downers Grove, Ill., 2011.
3 Empecé con el propósito de responder a la pregunta de cómo la salvación es cumplida sin usar el concepto de satisfacción penal. Decidí, sin embargo, no mencionar satisfacción penal explícitamente y contrastarlo con lo que estoy haciendo en cada etapa. Solamente lo menciono una vez. Reconozco que algunos que leen van a tener muchas preguntas sobre cómo puedo criticar, y dejar a un lado, algo que, desde su perspectiva es tal vez la única explicación de la expiación. He explicado mi posición de satisfacción penal en un libro y en algunos capítulos de otros libros, les refiero a esos escritos Mark D. Baker y Joel B. Green, *Recovering the Scandal of the Cross*; Mark D. Baker, "Embracing a Wider Cross: Contextualizing the Atonement" in *Out of the Strange Silence*, ed. Brad Thiessen, Kindred, Hillsboro, KS., 2005, pp. 29-47; and Mark D. Baker, "Contextualizing the Scandal of the Cross" in *Proclaiming the Scandal of the Cross*, ed. Mark D. Baker, Baker Academic, Grand Rapids, 2006, pp. 9-26. Vea también: Juan Driver, *La obra redentora de Cristo y la misión de la iglesia*, Nueva Creacion, Buenos Aires, 1994, pp. 53-70.

mencionadas, nuestra exploración finalmente regresa al pecado y a la interrupción de las relaciones, descrita en Génesis 3. En ese momento, al escuchar la mentira de la serpiente y dejar de confiar y obedecer a Dios, Adán y Eva quedaron alienados de sí mismos, el uno del otro, de Dios y de la creación. El efecto de la onda expansiva de esa alienación y pecado se ha esparcido por la historia y por toda la creación.

El concepto bíblico del pecado es amplio y profundo. Pecar es no alcanzar la norma (Ro. 3:23). Pecar es rebelión contra Dios, también comparado con infidelidad conyugal (Os. 8:1; Jer. 3). También pecado es descripto como no vivir al máximo de tu potencial (Pr. 1:24-25; 29-33). Pecar es traspasar la ley (Dn. 9:11; 1 Jn. 3:4). Pecar es ingratitud, idolatría y dejar de honrar a Dios; es escoger el camino equivocado, o perder el camino (Jer. 3:21; Ro. 1:21-23). Pecar contamina; lo hace a uno inmundo o impuro, y así separados del Dios Santo (Is. 6:5; Lm. 1:9). Pecado es una fuerza esclavizante (Ro. 6:12; 7:14). Podríamos continuar, pero esto es suficiente para comunicar que si el problema, el pecado, es tan amplio y profundo, entonces la solución, la cruz y la resurrección, tendrá que ser amplio y profundo también. Al mirar el número de maneras de cómo Dios nos libró del pecado, es importante recordar que no somos solamente salvados *de*, sino también salvados *para*. Dios trabaja en la cruz y resurrección salvándonos para justicia, rectitud y participación en la misión del Reino de Dios.

**¿Cómo Dios provee la salvación por la cruz y la resurrección?[4]**

**Jesús sufrió, en nuestro lugar, la consecuencia final de nuestro pecado.**

---

4 Aunque este capítulo se enfoque mayormente en el significado salvífico de la cruz y resurrección mi intención no ha sido separar la cruz y resurrección de la vida y enseñanzas de Jesús. De hecho mi esperanza es ofrecer estas explicaciones para aclarar, de tal forma que la satisfacción penal no lo hace, cómo la vida y enseñanzas de Jesús están integralmente relacionadas con la salvación por la cruz y resurrección.

¿Cómo actuó Dios para salvarnos? Quizá la respuesta más simple es la declaración bíblica que Jesús murió por nosotros; él murió por nuestros pecados (Ro. 5:6; 1 Co. 15:3; 1 Ts. 5:10). Una forma de entender el significado de estas frases es reconocer, que quienes mataron a Jesús hacían el papel de una tragedia, que nos involucra a todos nosotros. Jesús proclamó un mensaje de gracia radical, aceptación, y vida abundante que contrasta con una cultura de exclusión, opresión, y muerte. Jesús vivió el mensaje que proclamó. Muchos, sin embargo, resistieron y rechazaron el reino de Dios vivido y proclamado por Jesús. Como respuesta Jesús habló con palabras y parábolas de juicio.

Actuando así, les advirtió de las consecuencias para ellos mismos y para otros, de rechazar la gracia de Dios y de arraigarse más y más a una sociedad de reciprocidad ("dame para darte"), en una religiosidad que anhelaba un estatus alto y trazar líneas divisorias de exclusión, es decir, en un paradigma equivocado que imagina a un Dios de amor condicional. Jesús les advirtió que sufrirían, así como que también causarían el sufrimiento de otros, que son castigos muy reales de esa religiosidad, sociedad y vida que tiene miedo al "Dios" que ellos creyeron.

Los sistemas religiosos y políticos de la época castigaron y mataron a Jesús, y Jesús se tomó para sí mismo el juicio que había advertido a otros. Jesús no había pecado, pero soportó la última consecuencia de nuestro pecado, de nuestra falta de confianza en Dios. La alienación descripta anteriormente, conduce a la muerte. Es el pago que da el pecado (Ro. 6:23).[5] La muerte de Jesús era consecuencia de una enajenación que no era suya sino nuestra. Su muerte tuvo carácter de sustitución. Él sufrió en nuestro lugar, para salvarnos de experimentar la última consecuencia de nuestro pecado.

---

5 Por los lentes de la teoría de satisfacción penal muchos interpretan este versículo diciendo que Dios reparte la paga por una vida de pecado: la muerte. Sí es posible leerlo así. Sin embargo, también es posible leerlo diciendo que el pecado mismo reparte la paga: la paga que el pecado hace a quienes pecan es la muerte. O se podría leer como que el diablo o la muerte misma son los que pagan repartiendo el salario. Este versículo claramente comunica que la paga de una vida de pecado es la muerte, no es claro quién reparte la paga.

Mirando a la cruz en términos del Antiguo Testamento podemos decir que, en nuestro lugar, Jesús sufrió el destierro último que hubiera sido nuestro. La cruz y resurrección crean la posibilidad de volver a la tierra prometida, que para nosotros es el reino de Dios -ser la habitación del Espíritu Santo de Dios como parte del pueblo de Dios-.

**Dios resucitó a Jesús de la muerte y triunfó sobre la muerte.**

Jesús murió, pero la muerte no tuvo la última palabra. La explicación más común en los primeros siglos de la iglesia sobre la forma que tomó la salvación, retrataba a Dios venciendo sobre la muerte y las fuerzas del mal por la cruz y resurrección (Heb. 2:14-15).[6] De forma sustituta, Jesús hizo algo por nosotros que no podríamos hacer por nosotros mismos. Cargó sobre sí el pecado y la muerte del mundo, dejó que le hicieran lo peor, absorbió todo en la cruz y resucitó victorioso. Estamos unidos con él en su triunfo sobre el pecado y la muerte (Ro. 5 y 6; 1 Co. 5:21-22). Es cierto que una expresión de la ira de Dios, similar a lo que es descripto en la subsección anterior, es entregar a las personas para sufrir las consecuencias de sus pecados (Ro. 1). En esta victoria, sin embargo, vemos la ira de Dios expresada como una oposición activa y santa al pecado y la muerte.

**Dios paga el precio y perdona**

Si ha sido ofendido o lastimado tiene dos opciones. Como Tim Keller describe, una opción es venganza y retribución, tratando de hacer que la otra persona sufra y pague por el sufrimiento que le ha causado a usted. "Ciclos de reacción y represalia pueden durar por años... Cuando se intenta obtener pago a través de la

---

6 Esta explicación usualmente es llamado *Christus Victor*. Ver *Recovering the Scandal of the Cross*, pp. 143-151 y Driver, *La obra redentora de Cristo y la misión de la iglesia*, pp. 41-46.

venganza el mal no desaparece. Al contrario se propaga".[7] La otra opción es perdonar, no hacer que la persona pague. El perdón, sin embargo, no es gratis. Siempre hay un costo cuando se comete un mal. "El perdón significa llevar el costo en vez de hacer al malhechor llevarlo, entonces usted puede extender la mano en amor para buscar la renovación y cambio de su enemigo."[8]

Alguien tiene que cargar el costo de nuestros pecados. A lo largo de la vida con Israel, Dios repetidamente sufrió, llevó el dolor y perdonó. Aquella historia llegó a su punto culminante en la cruz. Los seres humanos le hicieron absolutamente lo peor a Dios. Sin embargo, en vez de arremeter con represalia y hacer que paguemos de una manera definitiva, Jesús paga el precio. Él absorbió el dolor, la violencia y vergüenza dentro de sí mismo y perdonó. La profundidad de la ofensa padecida en la Cruz significa, que el perdón de Dios, también penetra con la misma profundidad respecto del pecado humano. Dios ha perdonado y perdonará lo peor que podamos hacer. Estamos libres de cargar con la culpa.

Dios, sin embargo, hace mucho más que solamente decretar el perdón y poner al humano en una columna diferente del libro mayor del cielo. El perdón es precursor de la reconciliación. Dios respondió a la cruz con perdón restaurador, llevando a las personas nuevamente a una relación justa. Observamos esto concretamente cuando el Jesús resucitado se presenta ante los discípulos con una presencia perdonadora -decidido, no a regañar, ni a buscar venganza por sus traiciones y abandono, sino a extender la mano en amor y relaciones restauradas. Las olas poderosas de ese perdón se extienden hacia nosotros hoy en día por la persona de Jesucristo viviente, pues Él continúa respondiendo a la traición y al rechazo humano con perdón.

---

[7] Tim Keller, *The Reason for God: Belief in an Age of Skepticism*, Dutton, New York, 2008, p. 188.
[8] Keller, 192.

## Jesús nos libra de vergüenza

A través de la vida, muerte y resurrección de Jesús, Dios libera no solamente de culpa, sino también de vergüenza. Mientras que nos sentimos culpables por un acto que transgrede un límite, nos sentimos avergonzados con respecto a otros, por ser inferiores y no satisfacer las expectativas. Las consecuencias objetivas de una acción de desobediencia son acusación y castigo o represalia; las consecuencias objetivas de fallar a las expectativas y ser inferiores son: desaprobación, burlas, rechazo, y muchas veces exclusión. El perdón nos libera de culpa. El remedio para la vergüenza incluye quitar la desgracia, ofrecer una nueva identidad, restaurar el honor y superar la exclusión con reincorporación.

Sociedades distorsionadas por el pecado e influenciadas por los poderes del mal, frecuentemente avergüenzan inapropiadamente a las personas. En los evangelios repetidamente observamos a Jesús liberando a las personas de la vergüenza de ser llamadas indignas, inmundas o inferiores. Él abrazó e incluyó a los excluidos; Él los liberó de vergüenza para honrarlos y darles una nueva identidad. Estas acciones de Jesús amenazaron el *statu quo* y también a los que avergonzaban a otros. Ellos intentaron detenerlo con el último acto de exclusión: la muerte; y no cualquier muerte, una muerte extremadamente deshonrosa y vergonzosa de crucifixión pública.[9]

La muerte de Jesús en la cruz y la resurrección se agrega a la labor liberadora, ya vista en su vida. Primero, suma peso y significación a la nueva identidad que les ofreció a los avergonzados. Se comprometió tanto con la inclusión, que estaba dispuesto a morir en vez de aceptar las normas y prácticas de los que les avergonzaban. En segundo lugar, a través de la resurrección, Dios valida a Jesús y así también sus acciones de

---
9 Aunque la crucifixión llevaba dolor físico, en la época romana, las personas temían la crucifixión primeramente por su carácter vergonzoso. La habían diseñado para ser un instrumento de desdén y burla público. Los romanos reservaban la crucifixión para revolucionarios, extranjeros, y esclavos. No crucificaban a los ciudadanos romanos porque era considerado demasiado deshonroso (Green y Baker, *Recovering the Scandal*, pp. 21-23).

aceptación amorosa. Tercero, por la muerte de Jesús en la cruz, Dios se ha identificado completamente con los seres humanos en nuestra experiencia de vergüenza y ha experimentado la exclusión vergonzosa a la que nosotros tememos. La Cruz, sin embargo, ofrece más que una promesa de solidaridad de un Dios que conoce lo que significa experimentar vergüenza. La cruz expone la vergüenza falsa y rompe su poder de infundir miedo. En la cruz Jesús fue inapropiadamente avergonzado, la cruz y la resurrección evidenciaron los poderes y las mentiras que ellos usaban para avergonzarle falsamente (Col. 2:15). La muerte y resurrección de Jesús nos invitan y nos habilitan a vivir en liberación de esa vergüenza deshumanizante que Jesús desatendió en la cruz (Heb. 12:2; 1 P. 2:6).

Al mismo tiempo, sin embargo, hay cosas por lo cual los humanos deben sentir vergüenza. ¿Qué podría ser más vergonzoso que crucificar al Dios encarnado? Los que desearon humillar a Jesús eran en realidad los que tenían un comportamiento más vergonzoso. Los discípulos y seguidores de Jesús también actuaron vergonzosamente al traicionar, negar y abandonar a Jesús. Sin embargo Dios no respondió azorándolos, sino tomó acciones para sanar la vergüenza que ellos sintieron y restaurar sus relaciones. El amor destierra la vergüenza. En la cruz y después de la resurrección Jesús respondió con acciones de amor y aceptación que restauraban las relaciones.

Aunque por familiaridad, muchos de nosotros nos identificamos con mayor facilidad a las declaraciones bíblicas de salvación mediante la culpa, el remedio de la vergüenza descripto anteriormente, es aparente también en la Biblia. Por ejemplo, John E. Toews señala sobre lo que escribe Pablo, acerca de la salvación como liberación de vergüenza:

> Dios "crea paz" (*tenemos paz para con Dios*, Ro. 5:1), el amor está extendido (*Dios muestra su amor para con nosotros*, Ro. 5:8), la reconciliación ocurre (*si siendo enemigos fuimos reconciliados con Dios...estando*

*reconciliados seremos salvos por su vida*, Ro. 5:10), una nueva identidad es dada (*somos hijos e hijas de Dios*, Ro. 8:16, quienes han sido adoptados como hijos e hijas, Ro. 8:23).[10]

Jesús se expuso a una vergüenza no merecida, y por amor se reveló el error verdadero de todos nosotros; Jesús, el "amigo de pecadores" (Lucas 7:34), quitó el estigma y enemistad que nos aliena unos de otros y de Dios.

**Salvados por la sangre de Jesús**

En algún sentido decir que somos salvos por la sangre de Jesús es una declaración general, y otra manera de comunicar que somos salvos por la muerte de Jesús. En el Antiguo Testamento la sangre representa vida, y por lo tanto en el contexto sacrificial representa la entrega de la vida (Lv. 17:11,14). La frase "salvado por la sangre de Jesús" tiene entonces un significado más específico, arraigado en las prácticas de sacrificios del A.T. donde los mismos tenían una variedad de usos.[11]

Uno de esos usos, tanto para Israel así como en otras culturas, era el hacer y sellar un pacto (Gn. 15; Ex. 24:1-9; Lv. 7:16). La sangre de Jesús, derramada en la cruz, se describe como "la sangre del nuevo pacto" (Mr. 14:24; Heb. 10:29). Lo podemos ver como el compromiso de Dios para sellar el nuevo pacto establecido por Jesucristo (Col. 1:20). Este significado es un aspecto central en la Santa Cena. Tomar el vaso de vino es participar en el pacto ofrecido a nosotros a través de la sangre de Jesús (1 Co. 10:16; 11:25). A través de su muerte sacrificial,

---

10 John E. Toews, *Romans*, Herald Press, Scottdale, PA., 2004, p. 147.
11 Para un breve resumen sobre los sacrificios del Antiguo Testamento y sus relaciones con la muerte de Cristo como un sacrificio ver: John Goldingay, "Old Testament Sacrifice and the Death of Christ" en *Atonement Today,* ed, John Goldingay, SPCK., London, 1995, pp. 3-20; disponible en: http://documents.fuller.edu/sot/faculty/goldingay/cp_content/homepage/MainFrame.htm#OT501; Elmer Martens, *God's Design: A Focus on Old Testament Theology*, 3ª. ed., BIBAL Press, N. Richland Hills, TX, 1998, pp. 48-80; R. Larry Shelton, *Cross and Covenant: Interpreting the Atonement for 21rst Century Mission*, Paternoster, Tyrone, GA., 2006, pp. 53-75.

Cristo se identificó completamente con la realidad humana, pero la transformó con su pacto "hecho una vez para siempre" el cual habilitó el regalo del Espíritu Santo y proveyó la posibilidad y promesa de vida eterna, vida en toda su plenitud.

De Levítico obtenemos información sobre diferentes tipos de sacrificios (el holocausto, la ofrenda de vianda, el sacrificio de paz/comunión, el sacrificio por el pecado y el sacrificio por la culpa), y tenemos datos detallados sobre cómo los sacrificios debían ser ejecutados. El texto da alguna información sobre lo que lograron, pero muy poco sobre el cómo se logró. Por ejemplo sabemos que el sacrificio por el pecado hizo expiación y la persona que ofrecía el sacrificio era perdonado (Lv. 4:26; 5:13). De estos versículos podemos decir que a través del sacrificio hay perdón y restauración de relación, pero el texto dice muy poco sobre cómo el sacrificio lleva a cabo esa restauración. Por lo tanto, como dice Elmer Martens, "una teología del sacrificio tiene que ser en gran medida inferida".[12]

Por ejemplo sabemos que la persona que ofrecía el sacrificio tenía que poner una mano en la cabeza del animal. ¿Qué sucedía a través de esa acción? Una posibilidad es verlo como identificación. R. Larry Shelton escribe, "Al ofrecer sacrificio y la identificación con ello, el pecador cambiaba su actitud hacia Dios. Como el oferente volvió a Dios y se arrepintió, él mismo se convirtió en el sacrificio de regalo a Dios a través de la identificación con el animal sacrificial. En respuesta al arrepentimiento humano y auto-ofrecimiento, Dios aceptó el sacrificio de animales como un símbolo de su recepción del oferente que se había identificado con ella".[13] Además de identificación, John Goldingay dice: "que en algunos sacrificios la acción transfirió la mancha del pecado del individuo ofreciendo el sacrificio al animal que estaba siendo sacrificado. La mancha del pecado es transferida y destruida."[14] Abundantes son las posibilidades respecto del significado y potencial para

---

12 Martens, p. 52.
13 Shelton, p. 56
14 Goldingay, pp. 10-11.

interpretar la muerte sacrificial de Jesús, pero estamos infiriendo y por lo tanto tenemos que ser prudentes y humildes. Una cosa es proclamar que Jesús es el último sacrificio que provee expiación, otra cosa es explicar los mecanismos de cómo esto funciona.

Aunque con cierta limitación, hay ejemplos donde Levítico nos da información de cómo los sacrificios traen expiación. Uno es el de la explicación del rito del chivo expiatorio en el Día de Expiación. El pecado de Israel estaba puesto en la cabra por la imposición de manos en su cabeza. Luego el chivo expiatorio era soltado para "llevar sobre sí todas las iniquidades de ellos a tierra inhabitada" (Lv. 16:22). Similarmente Jesús nos liberó llevando nuestros pecados (Jn. 1:29; Heb. 9:27-28). También es declarado que la sangre sacrificial era usada para limpiarse y purificarse del pecado (Lv. 8-9, 16). La sangre derramada de Jesús nos limpia (Heb. 1:3; 9:12-14; 9:22; 10:19-22; 1 P. 1:2; 1 Jn. 1:7). La sangre de Jesús borra la mancha de culpa y vergüenza, y por lo tanto facilita relaciones restauradas. "La muerte de Jesús crea y limpia un nuevo templo, el pueblo de Dios... encarnado por el mismo Espíritu de Dios" (1 Co. 3:16).[15]

**Justificación a través de la obediencia fiel de Jesús**

"Justificación por la fe" ha sido una doctrina central de la teología protestante. La interpreta Pablo utilizando una metáfora de la sala de una corte de justicia para comunicar que nuestra culpa ha sido limpiada, y que somos declarados inocentes. Esta fue la experiencia de Lutero. Sus esfuerzos no le aliviaron de culpa ni le trajeron paz con Dios; la paz vino cuando el Espíritu le guió a entender y experimentar que la gracia divina por la fe trae justificación y paz con Dios.

Sin cuestionar la autenticidad de la experiencia de Lutero, tenemos que preguntarnos si nos equivocamos al leer a Pablo

---

15 Kevin J. Vanhoozer, "The Atonement in Postmodernity: Guilt, Goats and Gifts," in *The Glory of the Atonement: Biblical, Historical and Practical Perspectives,* ed. Charles E. Hill and Frank A. James III, InterVarsity, Downers Grove, Ill., 2004, pp. 399-400.

por los lentes de la experiencia personal de Lutero y a través de nuestro entendimiento de justicia derivada del sistema legal de Occidente. En nuestro contexto un código impersonal de leyes provee el mecanismo para que el juez considere un caso. Los crímenes tienen víctimas, sin embargo en casos criminales lo primordial es cómo el acusado es visto ante el código legal. Restitución a y reconciliación con la víctima no son el enfoque. Con este entendimiento de justicia naturalmente pensamos que, para Dios justificar a un individuo es pronunciarse sobre él o ella como "no culpable", es decir, ver a la persona como si hubiera cumplido el criterio de la justicia.

En contraste, el concepto hebreo de justicia visto en el A.T. tiene su base en las relaciones. La base del juicio radica en cómo uno es fiel a los acuerdos, obligaciones o pactos con otras personas y con Dios. Actuar justamente es ser fiel al pueblo con el que uno se ha comprometido a través de un acuerdo o pacto. La relación, no la ley impersonal, es central. La ley del A.T. es relacional en el sentido de que Dios la dio dentro de una relación de pacto como una expresión, que es parte de la intención de Dios para la vida y relaciones dentro de Israel. Por lo tanto, una persona se vería justa ante Dios si ha vivido de una manera que demuestre fidelidad al pacto de Israel con Dios.

Como Pablo aclara, todos hemos pecado o fallado al intentar ser justos en nuestras relaciones con Dios y otros (Ro. 3:23). Jesús, sin embargo, era obediente, fiel y justo en todo momento, y en todas las formas que nosotros hemos fallado él ha sido fiel hasta el punto de morir. Pablo proclama que somos justificados no por nuestras acciones, sino por las acciones fieles de Jesús (Gá. 2:16; Ro. 3:24-26). Por lo tanto, en contraste a nuestras fallas intentando ser justos, Dios se probó justo por ser fiel a los pactos, a sus compromisos de bendecir y salvar a Israel, y a través de ellos salvar a otros.

En Romanos y Gálatas se habla del tema de la salvación como parte de una amplia discusión de la relación entre

Cristianos Gentiles y Cristianos Judíos. En Gálatas Pablo escribe específicamente sobre el rol de las leyes y tradiciones Judías, y como estas definen la inclusión de uno dentro del pueblo de Dios. Pensando en este contexto más amplio de Gálatas y Romanos, y por la perspectiva hebrea de un entendimiento relacional de justicia, está claro que ser justificado no es simplemente ser declarado inocente de haber quebrado leyes, y por lo tanto puesto en una relación correcta con los estándares registrados en un código impersonal. Más bien, ser justificado, es ser puesto en una relación apropiada con Dios, hacernos partícipes completos en el pueblo de Dios. (Justificación es solamente una de las metáforas que Pablo usa para describir este acto de inclusión por la gracia; por ejemplo usa "adopción" en Gá. 4:5 y Ro. 8:15).

Comprendiéndolo desde la perspectiva relacional hebrea, el verbo "justificar" (*dikaioun*) incluye un tenor de rectificar, de enderezar o restaurar nuestras relaciones que habían sido retorcidas o rotas. En el Antiguo Testamento Dios provee un sistema de sacrificios para restaurar y enderezar las relaciones entre Dios y su pueblo. En Gálatas, Pablo afirma que él, Pedro, y los otros Cristianos Judíos están de acuerdo en que este enderezamiento de relaciones viene por medio de Jesús. Por lo tanto, como una metáfora de salvación, decir que alguien está justificado comunica un tenor de inclusión dentro del pueblo de Dios, y un enderezar o reparar las relaciones con Dios y con otros en la comunidad de fe.

Al argumentar que Pablo interpretó las palabras relacionadas con "justificación" desde una perspectiva hebrea, no significa que el entendimiento protestante clásico de la justificación, que trata de la carga de culpa, esté equivocado. Más bien señala que es limitado. Un ejemplo claro de justificación que no solo se ocupa de la culpa es Levítico 6. Claras instrucciones fueron dadas de realizar un sacrificio que quite la culpa que uno siente por haber robado algo de un vecino. Se le instruía al delincuente, sin embargo, que no solamente debía ir al sacerdote y hacer un sacrificio, sino que también debía realizar acciones de restitución a su vecino con el propósito de restaurar la relación. Una perspectiva más hebrea de justificación agrega amplitud, profundidad, y realidad a nuestro entendimiento de justificación.

En cuanto al tema de satisfacción penal podemos afirmar que Pablo sí usa una metáfora legal de la expiación, pero no necesariamente una que dibuja a Dios exigiendo castigo como una condición para la salvación. Una pregunta clave es ¿qué tipo de sala legal nos imaginamos cuando leemos en Romanos 3 donde a través del sacrificio de expiación de Cristo Jesús Dios demuestra ser justo? Los que leen esto con la perspectiva de una sala de juicio occidental contemporáneo, entienden a Pablo como si estuviese diciendo que Dios ha cumplido los requisitos de justicia a través de exigir un castigo.[16] Bajo la perspectiva de una "sala de juicio" hebrea, entendemos a Pablo como diciendo que Dios es considerado justo porque Dios es fiel a un pacto, a la promesa divina para proveer salvación.[17]

**La cruz detiene el ciclo de violencia**

Los humanos, a menudo, intentan mejorar su posición y seguridad a través de la violencia, opresión, y de calificar a otros

---

16 Desafortunadamente muchos permiten que la teoría de satisfacción penal sobre la expiación y los planteamientos occidentales de justicia formen su comprensión del sacrificio bíblico. A través de estas perspectivas de los sacrificios en la Biblia se contribuyen a ser entendidas como recompensa para apaciguar a un Dios enojado. Sin embargo, si procuramos permitir que la Biblia misma forme nuestra comprensión del sacrificio llegamos a un entendimiento diferente. Mientras el enojo e ira de Dios son temas bíblicos importantes, no son temas relacionados con sacrificios. No hay un caso en el Antiguo Testamento describiendo que Dios se apartase o detuviese su ira porque un sacrificio fuese ofrecido. La palabra "ira" apenas aparece en el libro de Levítico. Los sacrificios no se relacionan con el enojo, sino con la repulsión al pecado por parte de un Dios santo, o al carácter repugnante de la mancha del pecado humano (John Goldingay, "Your Iniquities Have Made a Separation Between You and Your God" en *Atonement Today*, ed, John Goldingay, SPCK, London, 1995, pp. 50-52).

17 Para una explicación más en profundidad sobre esta perspectiva ver: Mark D. Baker y J. Ross Wagner, "Reading Romans in Hurricane-Ravaged Honduras: A Model of Intercultural and Interdisciplinar y Conversation," en *Missiology* # 32 (July 2004) 367-383, disponible a: http://www.mbseminary.edu/baker/articles; Juan Driver, *La obra redentora de Cristo y la misión de la iglesia*, Nueva Creación, Buenos Aires, 1994, pp. 213-34; James D. G. Dunn y Alan Suggate, *The Justice of God: A Fresh Look at the Old Doctrine of Justification by Faith,* Eerdmans, Grand Rapids, Mich., 1993; Francis Gerald Downing, "Justification as acquittal? a critical examination of judicial verdicts in Paul's literary and actual contexts," *Catholic Biblical Quarterly* 74, # 2 (2012): pp. 298–318.; Richard B. Hays, "Justification," en *The Anchor Bible Dictionary*, ed. David N. Freedman, Doubleday, New York, NY., 1992, 3: pp. 1129-1133.

como inferiores. Esto ha resultado en ciclos como remolinos de violencia y acciones relacionadas a la ley del "ojo por ojo". Jesús confrontó esta forma de vida y rechazó girar en la misma dirección del círculo de la violencia, y al hacer esto creaba tensión y hostilidad hacia él y su proceder. En la cruz, gente alienada y atrapada por los principados y poderes intentaron detener a Jesús de una vez a través del soborno, la falsedad, la humillación, y una muerte violenta y vergonzosa. Jesús no reaccionó violentamente contra estas fuerzas, sino que actuó como una roca en un río que absorbe la energía del remolino y lo detiene.

De forma definitiva la cruz rompió el ciclo de alienación creciente y de la violencia, porque absorbió el peor acto de violencia en el mundo: la matanza del Dios encarnado. Dios no respondió a esto arremetiendo con un golpe vengativo contrario, sino que con amor que perdona. De esta manera respondió a las raíces de una sociedad violenta. El último acto de odio fue contestado con el último acto de amor que perdona. La vida de Jesús y su muerte en la cruz rompen el ciclo y extienden el amor de Dios que libera, sana, y humaniza en una forma que crea novedad de vida y transformación de toda la realidad, una verdadera posibilidad y promesa para toda la creación. Los cristianos saben que los remolinos del pecado no son, finalmente, la fuerza más poderosa; y que, habilitados por el Espíritu de Jesús, pueden resistir la corriente, y pararse juntos como una roca que detiene remolinos.[18]

**La cruz desarma los principados y poderes**

Usando la terminología de principado y poder (Ro. 8:38; 1 Co. 15:24; Ef. 1:21; 3:10; 6:12; Col. 1:16), Pablo escribe sobre

---

18 La metáfora del remolino no es una imagen bíblica, pero está basada en la vida de Jesús, y hay pasajes en las escrituras que señalan las verdades comunicadas por esta metáfora. Jesús no resistió, no tomó represalias (Jn. 10:17-18; Mt. 27); hay poder que salva y transforma en la aparente debilidad de Cristo siendo crucificado (1 Co. 1:18-31); los poderes están desarmados por la cruz (Col. 2:15); y la muerte de Jesús está descrita como transformación de una situación de hostilidad y enemistad a una situación de paz (Ef. 2:13-18). Yo he prestado la metáfora del remolino de Vernard Eller, *War and Peace from Genesis to Revelation*, Herald Press, Scottdale, PA., 1981, pp. 159-164.

Jesús: "Desarmó además a los poderes y las potestades, y los exhibió públicamente al triunfar sobre ellos en la cruz" (Col. 2:15). Los líderes e instituciones terrenales, así como los poderes espirituales que los usaban, ciertamente pensaron que habían ganado, aquel día cuando Jesús dio su último suspiro. Sin embargo, no lo habían derrotado. Jesús no sólo rompió el ciclo de violencia, sino que también, hasta su último suspiro, rechazó acobardarse, ser avergonzado y ceder a las presiones de vivir la vida según los valores y prioridades de los poderes. La cruz posibilita que uno no tiene por qué obedecer a los poderes. La resurrección no era solamente una derrota de los poderes en el sentido de que Jesús volvió a la vida, sino también una validación para la forma de vivir de Jesús. Por lo tanto, estos poderes, quedaron definitivamente expuestos como fracasados y mentirosos. Su camino no es el camino de Dios, y pueden ser resistidos. Aunque parece irónico, el Nuevo Testamento proclama que en la debilidad de la cruz el poder de Dios se revela (1 Co. 1:18-25; 2:6-8). La cruz revela que los otros poderes son poderes falsos.

Hoy, toda la gama de poderes y fuerzas del mal, de demonios, espíritus malignos, el dios Mammón y la religiosidad esclavizante, hasta instituciones usadas por los poderes, continúan actuando como si los humanos no tuvieran ninguna otra opción que seguir y obedecer. Pero su pretensión es falsa. Jesús ha triunfado sobre ellos. La mentira de estos ha sido expuesta por la cruz. Por eso, los humanos pueden ser libres de su influencia cuando llegan a reconocer y a considerar a los poderes como las "cosas" simples que son.

**La cruz juzga**

Algunos equivocadamente ven el juicio como lo opuesto de la salvación, y sólo ven el castigo de Dios como retributivo y no correctivo. Eso es, sin embargo, una visión del juicio demasiado reducida, porque en su esencia el juicio es la verdad y rectificación de una situación. Para los que están siendo oprimidos, el juicio es buena noticia. El juicio brilla como una luz y expone las acciones injustas de los opresores con el propósito de cambiar la situación injusta. La cruz actúa como una luz brillante en el juicio y hace resaltar el error de las acciones de los poderes, estos que mataron a Jesús. Como hemos visto anteriormente están expuestos, y una rectificación que empezó en la cruz y su resurrección, será consumada cuando Cristo regrese.

La cruz también comunica la verdad sobre nosotros y alumbra una luz brillante sobre nuestros caminos pecaminosos. Al matar a Jesús, los poderes y el pueblo de su época, crucificaron al Dios encarnado, crucificaron a un compañero humano, no solamente cualquier humano, sino que a uno que vivió auténticamente como lo que fuimos creados para ser. Nosotros también hemos vuelto la espalda a Dios y hemos rechazado a Dios. Nosotros también hemos dañado y arremetido contra nuestros compañeros, otros seres humanos, y también hemos escondido, cubierto, y por esto rechazado al modelo de humano auténtico que Dios creó. Así que todos somos crucificadores, y estamos expuestos a la luz del juicio de la cruz.

¿Cómo puede este juicio ser buena noticia que salva? La exposición de un mal es doloroso, pero también es un paso para vivir de una manera alternativa. Aun así, este juicio sería solamente condenación si no fuera por el hecho de que la cruz no es solamente un instrumento de juicio, sino también un lugar de perdón. Nuestro arrepentimiento y salvación están arraigados al experimentarlos a ambos: juicio y perdón.

**La cruz revela**

La vida de Jesús y su muerte en la cruz nos revela cómo vivir como un humano auténtico, siendo creados a la imagen de Dios. El escándalo del Dios encarnado, colgado en la cruz en debilidad, desnudez, y humillación tiene un potencial salvador para nosotros

(1 Co. 1:18-31). Nos invita a ser los humanos finitos y limitados que Dios creó. Nos invita a reconocer, abrazar, y honestamente aceptarnos en toda nuestra corporeidad, nuestra complejidad emocional, y nuestra vulnerabilidad. La resurrección valida la vida que Jesús llevó. En un sentido, a través de la resurrección, Dios nos dice: "esta es la vida a imitar". Es una invitación para vivir en libertad de las voces y poderes que nos dicen que tenemos que enmascarar nuestra humanidad verdadera. Dios no promete que si vivimos como verdaderos humanos no sufriremos; por el contrario, la existencia cristiana como seres humanos auténticos, amorosos, en medio del mal, invita al insulto y al sufrimiento.

Pero la resurrección es la promesa que de forma definitiva Jesús ha muerto por nosotros, en nuestro lugar, para que ya no seamos esclavizados, ni andemos enmascarando y escondiendo nuestra humanidad como una manera de protegernos. Podemos vivir libremente como humanos auténticos sin temor. La vida, y no la muerte, tiene la última palabra. La cruz también subraya lo que la vida de Jesús revela: ser auténticamente humano es "ser para otros". En vez de un estilo de vida auto-orientada de tomar, dominar a los demás, y resolver los conflictos a través de la fuerza, Jesús modela un estilo de vida de compartir, servir, y de no-violencia.

Jesús revela no solamente la humanidad verdadera, sino que también es la más completa auto-revelación que tenemos de Dios. Jesús claramente revela el compromiso amoroso de Dios para salvar. Jesús sanó, liberó, y confrontó los poderes opresores; comunicó amor y aceptación a los que experimentan rechazo y marginación. Estaba tan comprometido en estas acciones salvadoras que él no vaciló ante ellos, aun cuando esto resultó en su muerte. El amor de Dios por nosotros era tan grande que Jesús estaba dispuesto a morir, y Dios el Padre estaba dispuesto a dejar a su Hijo morir, para proveer salvación. La cruz nos revela a un Dios que es incesantemente para con nosotros (Ro. 8:31-39). Esta revelación nos salva de vivir con conceptos equivocados de un Dios vengativo y acusador que tenemos que apaciguar (Jn. 3:16-

17).

## Conclusión

Una ventaja de enumerar aspectos del significado salvador de la cruz es que comunica la amplitud y diversidad de lo que Dios hizo a través de la cruz y resurrección. Una desventaja es que dividiendo la obra de la cruz en una lista, disminuya el sentido de coherencia entre estos diversos aspectos. Por eso es importante tener en mente el capítulo 7 de este libro, donde tengo el objetivo de presentar con coherencia e intentando reconciliar estos diversos aspectos en una narración unida.

Este capítulo ha buscado apuntar el significado de la muerte y resurrección de Jesús. Sin embargo no queda agotado aquí. Podríamos añadir otras metáforas y explicaciones del significado salvador de la cruz y resurrección, como profundizar los significados que se enumeraron anteriormente. La cruz y la resurrección exceden nuestros intentos por explicarlas.

# 10

# ¿Dios de ira o Dios de amor?
## Parte 1: El patetismo de Dios y el patetismo de los profetas

El título de uno de los libros que he escrito es: ¿Dios de ira o Dios de Amor?[1] Usé este título pensando en la situación que describí en el primer capítulo de aquel libro. Hay muchas personas que piensan en Dios como lejano, enojado y listo a acusar y castigar. Entonces en el título del libro pregunto si Dios es así o es muy diferente, un Dios de amor. Si usamos la palabra "ira" para referirnos al concepto de un Dios enojado y acusador creo que el título del libro es una pregunta apropiada. Sin embargo si pensamos en la palabra "ira" como está definido en un diccionario la pregunta no es tan apropiada. La Biblia habla de la ira de Dios. Entonces para ser fiel a la Biblia tendríamos que decir: un Dios de amor e ira. Pero en un contexto donde hay mucha distorsión sobre el juicio y la ira de Dios tenemos que pensar bien en cómo vamos

---

1 Marcos Baker, *¿Dios de ira o Dios de amor?: Cómo superar la inseguridad y ser libres para servir*, 2ª ed., Ediciones Kairós, 2007.

a tratar esos conceptos bíblicos.

Una estrategia es no hablar de ellos. Para tratar de corregir el concepto equivocado de un Dios acusador, listo a castigar, unos pueden pensar "mejor hablemos del amor y la misericordia de Dios y no hablemos del juicio o ira de Dios". Es una estrategia de subir el volumen de los textos bíblicos sobre gracia y amor, y bajar el volumen de los textos que hablan del castigo de Dios. Un problema con esa estrategia es que corrigiendo una distorsión podríamos crear otra. En vez de pensar en Dios siempre viéndonos con ojos de acusación algunas personas podrían llegar a pensar en Dios como una figura siempre sonriendo, diciendo "tú eres tan bueno" no importando lo que uno hace. Eso también es una distorsión y crea otro conjunto de problemas. Por ejemplo las personas pueden perder la percepción de que son pecadores y que necesitan arrepentirse. La verdad es que sí importa cómo pensamos y actuamos, y si solo pensamos en un Dios bonachón no importaría lo que hacemos ya que podemos ignorar que caminamos mal.

Un segundo problema con esa estrategia es que está basada en una percepción errónea del amor y la justica de Dios. No podemos separarlos y solo hablar del uno o el otro. Si solo hablamos del amor de Dios sin hablar de la justicia de Dios no tendremos un concepto adecuado del amor de Dios. Y si hablamos del castigo de Dios sin verlo relacionado con el amor de Dios tendremos un concepto equivocado del castigo de Dios. El tema de la relación del amor y justicia de Dios es muy grande. Merece todo un libro aparte y aun así terminaríamos todavía con temas y textos por explorar y con preguntas sin respuestas. En estos dos capítulos no pretendemos cubrir el tema. La meta es presentar unas observaciones que puedan ayudar al lector a seguir reflexionando sobre el tema en otras partes de la Biblia. En este capítulo vamos a dejar a un erudito judío, Abraham Heschel, guiarnos en una reflexión sobre el patetismo de Dios y el patetismo de los profetas.[2]

---

[2] Lo que sigue en ese capítulo fue publicado originalmente como: "El Patetismo de Dios y el Patetismo de los Profetas: Un valioso estudio de Abraham Heschel," *Boletín Teológico: Revista de la Fraternidad Teológica Latinoamericana*, Año 25, # 49, 1993: 53-64.

## El patetismo de Dios y el patetismo de los profetas[3]

Abraham J. Heschel escribe con la convicción de que el Dios de la Biblia hebrea es un Dios de patetismo. Los profetas no sólo eran portavoces; también eran compañeros de Dios. En otras palabras, compartían el patetismo de Dios.

> Un análisis de las declaraciones proféticas muestra que la experiencia fundamental del profeta es su coparticipación con los sentimientos de Dios, *una simpatía con el pathos divino*, una comunión con la conciencia divina que acaece a través el reflejo del profeta de, o su participación en, el *pathos* divino.[4]

Por lo tanto, para entender el patetismo de los profetas tenemos primero que explorar el patetismo de Dios. Antes de todo debemos definir la palabra "patetismo".

Heschel reconoce que los autores usan la palabra de varias maneras. Él usa la expresión "patetismo (*pathos*) divino" para referirse a acciones humanas o eventos en la tierra que mueven emocionalmente o afectan a Dios. Hay varios modos de patetismo, como amor, enojo, pesar, alegría, misericordia e ira. Patetismo es la compasión o indignación moral de Dios.[5]

> El *pathos* denota, no la idea de bondad, sino una custodia viviente; no un ejemplo inmutable, pero si un desafío abierto, una relación dinámica entre Dios y el hombre; no un simple sentimiento o un afecto pasivo, sino un acto o actitud compuesto de varios elementos espirituales; no un examen contemplativo del mundo, sino un apercibimiento apasionado.[6]

---

3 Abraham J. Heschel, *Los Profetas*, Buenos Aires, Paidós, vol. I, II, III, 1973.
4 Heschel, vol. I, p. 71.
5 Heschel, vol. II, p. 120; vol. III, pp. 34, 327.
6 Heschel, vol. II, p. 120.

## El patetismo de Dios

De niño me enseñaron que uno de los atributos de Dios es su inmutabilidad. Recuerdo los esfuerzos de los maestros de la escuela dominical tratando de explicar pasajes bíblicos donde Dios cambió de parecer o se arrepintió de algo que había hecho (p. ej., Gn. 6:6; Ex. 32:14; 1 S. 15:35; Is. 38:1-7; Os. 11:8-9; Jl. 2:14; Am. 7:3; Jon. 3:9-10). Aunque la Biblia dice abiertamente que Dios cambió de parecer, y los maestros de la escuela dominical creían en la inerrancia de la Biblia, no podían aceptar la idea de que Dios cambió.

Si en una situación Dios planeaba hacer una cosa, y después se arrepintió, ¿significa que estuvo equivocado antes? Si cambia de parecer, entonces no es inmutable. Eso nos molestaba, y por eso no enfocábamos los versículos referidos a este tema. En contraste, Heschel sí mira estos pasajes bíblicos. Dice que muchas personas tienen una imagen equivocada del Dios del Antiguo Testamento porque no reconocen el patetismo de Dios. No reconocen que él está conmovido y sí cambia.

### ¿Un Dios de emoción o un Dios griego?

Heschel muestra que han sido muchos los teólogos judíos y cristianos que han experimentado dificultad en aceptar la idea de un Dios de emoción. Clemente de Alejandría pensó que si uno era completamente liberado de emociones, entonces era como Dios.[7] La pasión de Dios en el Antiguo Testamento le molestaba a Agustín. Propuso, por lo tanto, que la pasión aparece en el texto por un problema de traducción, o por un deseo de comunicar de modo que la gente entendiese. Agustín escribió que "sería una 'profanación y una blasfemia' suponer que Dios fuera pasible".[8] Para los escolásticos cristianos de la Edad Media, la perfección divina implicaba inmutabilidad total. Para Tomás de Aquino era imposible que Dios cambiara de alguna manera. La pasión sería

---
7 Ibíd., p. 177.
8 Ibíd., p. 262.

incompatible con su ser.⁹ Heschel piensa que la raíz de estas ideas es griega. Muestra que aquí, como en varias otras situaciones, las ideas de pensadores griegos se han infiltrado en nuestra teología. Eso nos deja con una imagen de Dios más leal al pensamiento griego que a la Biblia.

Platón dividió el alma entre lo racional y lo emocional. Pensaba que las emociones son parte de la naturaleza animal y que lo racional es parte de lo divino en los humanos. Para él, en las emociones se originan todo mal y desorden, y la razón es el poder que levanta al hombre sobre los animales y trae orden al mundo.¹⁰ Los estoicos trataron de usar la razón para dominar su vida emocional. El dios de Platón no sentía alegría, ni pesar; el dios de Aristóteles no tenía patetismo.¹¹ Estas actitudes griegas están en conflicto con el Dios de patetismo que se revela en la Biblia hebrea.

Desafortunadamente nuestras raíces griegas hacen a muchos sentirse incómodos con los pasajes bíblicos que hablan de las emociones de Dios. También encontramos que es más difícil definir a un Dios de patetismo con una lista racional y ordenada de atributos. El deseo de tener un sistema de doctrina lógica hace a muchos dejar atrás el patetismo de Dios. Heschel admite que la emoción puede distorsionar los pensamientos si es una emoción no juiciosa, pero desea mostrarnos la emoción juiciosa de Dios.

El patetismo de Dios es "un acto intencional…Aun 'en el momento de la ira' (Jer. 18.7), Dios no tiene la intención de desatar Su ira, sino de que ésta desaparezca por el arrepentimiento del pueblo."¹² El patetismo no es un atributo; es más un estado en que Dios está involucrado en la historia y afectado por los eventos de la historia. Pero esa reacción divina a la conducta humana no funciona automáticamente. Los humanos no exigen el patetismo de Dios; sólo dan la ocasión para ello. Pero tampoco es el patetismo

---

9 *Ibíd.*, p. 191.
10 *Ibíd.*, p. 165-166.
11 *Ibíd.*, p. 167-169.
12 *Ibíd.*, p. 121.

divino una fuerza absoluta que existe sin reparar en los humanos. No. Es más una reacción a la historia humana. La libertad de Dios es un factor decisivo detrás de todo eso.

En su propia libertad, Dios ha decidido asumir la situación humana como su propio problema.

> La vida de pecado es algo más que un fracaso del hombre; es la frustración de Dios. Por lo tanto, el alejamiento del hombre de Dios no es el factor último con el cual se deba medir la situación de aquél. El *pathos* divino, el hecho de que Dios participa en los compromisos del hombre, es el factor elemental.[13]

Si no hubiera patetismo, si Dios fuera un ser inmutable, entonces la profecía no tendría propósito. ¿De qué habrían servido las palabras de Jonás, si Dios hubiera destruido Nínive aun cuando la gente se arrepintió? Dios mandó un profeta con un mensaje de arrepentimiento para producir un cambio en su propia ira.

El pacto nos da un buen ejemplo de la importancia del patetismo de Dios.

> El pacto es un acto extraordinario, que establece una relación recíproca entre Dios y el hombre; se lo concibe como un acuerdo judicial. El *pathos*, por otro lado, implica una preocupación y una implicación constante... Desde el punto de vista de la idea inequívoca del pacto, sólo son posibles dos tipos de relación entre Dios y el pueblo; el mandamiento o la disolución del pacto. Esta rígida alternativa se reemplaza por una multiplicidad dinámica de tipos de relación implicadas en el *pathos*.[14]

El amor de Dios precedió al pacto, y tenemos que ver la relación entre Israel y Dios no como una relación legal, sino como

---

13 *Ibíd.*, p. 123-124.
14 *Ibíd.*, p. 132.

una relación personal.

## *La ira de Dios*

Una forma de patetismo divino es la ira. Como hemos visto, el concepto general de un patetismo divino choca con el concepto de un Dios sin emoción. También choca con la manera en que la mayoría ha entendido la inmutabilidad de Dios. Pero esta faceta específica del patetismo divino, la ira, ha creado problemas aún más grandes. Marción veía al Dios del Antiguo Testamento como un Dios de ira que se gozaba de la guerra y cometía acciones contradictorias. Por eso Marción descartó el Antiguo Testamento de la Biblia. La iglesia refutó la idea de Marción, y no quitó el Antiguo Testamento de la Biblia, pero muchos han tratado al Antiguo Testamento de manera similar, aunque no tan radicalmente. Ven el Antiguo Testamento como el libro de la ley, y el Nuevo Testamento como el de la gracia; conciben al Dios de Antiguo Testamento como un Dios de ira, y al Dios del Nuevo Testamento como un Dios de amor. Entonces, naturalmente, ponen más énfasis en el Nuevo Testamento y dejan atrás al Antiguo Testamento.

Heschel rechaza la práctica de ver al Dios de la Biblia hebrea como un Dios de ira, o de ver un conflicto entre la ira de Dios y el amor de Dios. Al contrario, Heschel dice firmemente que Dios es un Dios de amor.

> Uno de los requisitos previos y fuentes del enojo de Dios es Su preocupación. Puesto que él se interesa por el hombre, Su enojo puede encenderse contra él. El enojo y la misericordia no son opuestos sino correlativos. Habacuc reza: "En la ira recuerda la misericordia" (3.2).[15]

---

15 *Ibíd.*, p. 229.

Heschel cree que varias personas han interpretado la ira de Dios de una manera equivocada porque la han mirado "a la luz de la psicología de las pasiones y no a la luz de la teología del *pathos*".[16] Por este enfoque equivocado, la tendencia será ver a un Dios compulsivo que se goza en hacer daño a los humanos.

Este no es el Dios que David describe: "Clemente y misericordioso es Jehová, lento para la ira, y grande en misericordia. Bueno es Jehová para con todos, y sus misericordias sobre todas sus obras" (Sal. 145.8-9). Nos ayuda a entender como David puede decir eso, si miramos la ira de Dios en el contexto de su patetismo. La misma ira nace de su amor y preocupación por los humanos. Sí, la ira de Dios es una cosa horrorosa, pero ¿qué podemos decir de lo que hace nacer su ira? "¿Es un signo de crueldad el hecho de que su cólera divina despierte cuando se violan los derechos de los pobres, cuando las viudas y los huérfanos están oprimidos?"[17] Para muchos la explotación de los pobres es un delito menor, pero para Dios es un desastre. Nuestra reacción puede ser desaprobación; no hay palabras suficientemente fuertes para describir la reacción de Dios.

Aunque los humanos despiertan el enojo de Dios, los profetas nos dicen explícita e implícitamente que Dios es paciente y lento para la ira (Jer. 15:15; Jl. 2:13; Jon. 4:2; Nah. 1:3). Dios refrena su enojo justificado. Pero, aunque él es paciente y tiene compasión, también demanda justicia y expresa su enojo. Pero aún en su ira su deseo y su propósito son que la gente se arrepienta. Constantemente leemos: "He aquí que yo dispongo mal contra vosotros, y trazo contra vosotros designios; conviértanse ahora cada uno de su mal camino, y mejore sus caminos y obras" (Jer. 18:11). Dios no desea implementar su ira planeada (Jer. 26:13).

En la historia de Jonás vemos esta realidad. Dios planeaba expresar su ira, pero, cuando la cuidad se arrepintió, Dios también cambió de parecer. Jonás se molestó porque ya no podía creer en la amenaza de Dios contra Nínive. Dios había tomado una decisión

---

16 *Ibíd.*, p. 227.
17 *Ibíd.*, p. 231.

(destruir Nínive), aunque en su misericordia no quería hacerlo. Vemos que Dios es aún más grande que sus propias decisiones, por lo cual cambió. "El enojo del Señor es instrumental, hipotético, condicional y sujeto a Su voluntad" (cf. Is. 48:9; Os. 11:9).[18]

Pero la gente no siempre se arrepiente, y Dios no reprime su enojo para siempre; cómo podemos ver en estas palabras de Jeremías acerca de la gente de sus días:

> Su maldad no tiene límites: no hacen justicia al huérfano no reconocen el derecho de los pobres. ¿No los he de castigar por estas cosas? ¿No he de dar su merecido a gente así? (Jer. 5:28-29 VP).

> La ira del Señor es como una tormenta, como un viento huracanado que se agita sobre los malvados. La ira del Señor no cesará hasta que él haya realizado sus propósitos. Vendrá el tiempo en que ustedes pensarán y entenderán estas cosas (Jer. 23:19-20 VP).

La tormenta de la ira de Dios llegó a Jerusalén, pero el enojo de Dios sólo dura un momento y su amor sigue para siempre (Sal. 30:5: Is. 54:8; Jer. 33:11). Aunque desde la perspectiva humana la ira de Dios se parece sólo a la destrucción, Heschel cree que desde la perspectiva de Dios y su patetismo es diferente. "Sería correcto caracterizar a la ira del Señor como *amor suspendido*, como misericordia ocultada. La ira que se produce por amor es un interludio."[19]

> En aquel día dirás: Cantaré a ti, oh Jehová; pues aunque te enojaste contra mí, tu indignación se apartó, y me has consolado (Is. 12:1).

---

18 *Ibíd.*, p. 234.
19 *Ibíd.*, p. 248.

En la oscuridad causada por Dios, hay Dios y hay luz.[20]

La compasión de Dios precede a su ira y sigue después de su ira. La ira no es irracional; "surge a la luz de juicios morales y no en la oscuridad de la pasión".[21] Solo con la confianza en un Dios de amor, un Dios cuya misericordia es más fuerte que su justicia podía orar el profeta: "Aunque nuestras inquietudes testifican contra nosotros, oh Jehová, actúa por amor de tu nombre" (Jer. 14:7).

## El patetismo de los profetas

Ahora, con un entendimiento mejor del patetismo de Dios vamos a estudiar el patetismo de los profetas. Como vimos en la introducción, Heschel sostiene que el aspecto clave para entender a los profetas es reconocer que están consumidos por el patetismo divino. "El profeta se ve conmovido por una preocupación íntima por la preocupación divina."[22] Heschel nos ayuda a ver que la profecía es una manera de pensar y una manera de vivir, y no sólo palabras comunicadas por un portavoz. Los profetas comunican las palabras de Dios, pero es significativo que ellos mismos han sido cambiados por Dios. Son más que portavoces.

> El profeta es un hombre que siente furiosamente. Dios impuso una carga sobre su alma... Es una forma de vida, un punto donde Dios y el hombre se cruzan.[23]

> El ojo del profeta está dirigido al escenario contemporáneo; el tema principal de sus discursos es la sociedad y su conducta. No obstante su oído está inclinado hacia Dios. Es una persona tocada por la gloria y presencia de Dios... No obstante, su verdadera

---
20 *Ibíd.*, p. 244.
21 *Ibíd.*, p. 254.
22 Heschel, vol. III, p. 10.
23 Heschel, vol. I, p. 36.

grandeza consiste en su habilidad para asir a Dios y al hombre en un mismo pensamiento.[24]

En presencia de Dios toma el partido del pueblo. Ante el pueblo toma el partido de Dios.[25]

Vamos a examinar brevemente el mensaje de algunos profetas para ver específicamente la relación entre su patetismo y el patetismo divino.

### *Amós*

El patetismo de Dios está poderosamente presente en el libro de Amós. Es difícil imaginar que Amós hubiera podido dar este mensaje sin sentido y compartirlo personalmente. Amós no presentó este mensaje porque era un experto en ética o un campeón de la ley moral. Dejó sus ovejas en Tecoa porque Dios lo llamó. Amós proclamó la palabra viva de éste Dios de Samaria. Por su proclamación vemos que Dios se preocupa por la justicia de manera específica y concreta. Desde la perspectiva de la eternidad muchas de las preocupaciones de Amós parecen triviales: Los pactos entre países (1:9), el enojo de un país (1:11), las mujeres embarazadas (1:13), el comportamiento sexual (2:7), la ropa de un pobre (2:8), el soborno (5:12), etc. Pero Dios sí se preocupa por estas cosas, y Amós comunica con valor las palabras de pasión de Dios sobre estos asuntos "triviales". Amós no vio otra opción: oyó la palabra de Dios y tuvo que decirla (7:10-17). Amós representa la posición de Dios ante el pueblo de Israel. Pero ante Dios, Amós ruega por el pueblo (7:1-9). Podemos ver el patetismo de Amós en los dos casos.

### *Oseas*

El patetismo de Oseas es más complejo. En Oseas no sólo

---

24 *Ibíd.*, p. 62.
25 *Ibíd.*, p. 67.

vemos a un Dios que demanda justicia, sino también a un Dios que está enamorado de su pueblo.

Probablemente el casamiento de Oseas y Gomer es el aporte más conocido de este libro. Varios expertos piensan que el propósito de ese casamiento era dar una parábola viva a quienes les enseñaba su relación con Dios. Heschel tiene sus dudas; piensa que un profeta no daría a conocer en forma pública el adulterio de su esposa. Hacer eso sería popularizar la infidelidad. También Heschel sostiene que la relación de Dios con Israel no se conforma exactamente a la relación de Oseas y Gomer. Oseas amenaza con el rechazo de Israel por parte de Dios, pero no habla del hecho del rechazo. Además, cuando Oseas acepta otra vez a Gomer no es porque ella se arrepiente; lo que quiere hacer es predicar que Israel debe arrepentirse (14:1-2).

Heschel opina que el propósito del casamiento de Oseas era la enseñanza, no a Israel, sino a Oseas. "Su propósito no era demostrarle actitudes de Dios hacia el pueblo sino educar a Oseas en el entendimiento de la sensibilidad divina."[26] Aún si su crítica de la posición tradicional no es correcta, podemos ver la verdad de lo que dice Heschel sobre cómo esta experiencia sería educativa para Oseas, puesto que lo ayudaría a identificarse con el patetismo de Dios. Se nota esta identificación en sus palabras: "No piensan en convertirse a su Dios, porque espíritu de fornicación está en medio de ellos, y no conocen a Jehová…Contra Jehová prevaricaron, porque han engendrado hijos extraños" (5:4, 7).

Oseas sí se identifica con Dios, al punto que no ruega por la gente como lo hizo Amós. Más bien, se ofende por lo que el pueblo le ha hecho a Dios (9:14). Sin embargo, al final, el mensaje que comunica Oseas es el amor de Dios. Sabe que Dios va a dejar su enojo y va a recibir a su pueblo de nuevo (14:1-9).

## *Isaías 1-39*

Cuando leemos Isaías 1-39 vemos que el profeta se interesa

---
26 *Ibíd.*, pp. 120-121.

en los mismos asuntos que percibimos en Amós y Oseas. También añade palabras de advertencia: Israel no debe confiar en pactos con otros países (Is. 31). Podemos ver el patetismo expresado como enojo, aunque es interesante que el libro empieza con el profeta expresando el dolor de Dios:

> Oíd, cielos y escucha tú, tierra; porque habla Jehová: Crié hijos, y los engrandecí, y ellos se rebelaron contra mí. El buey conoce a su dueño, y el asno el pesebre de su señor; Israel no entiende, mi pueblo no tiene conocimiento (1:2-3).

Después el profeta expresa su propio dolor, puesto que comparte el patetismo divino: "¡Ay, gente pecadora!...Se han alejado del Señor, se han apartado del Dios Santo de Israel, lo han abandonado" (1:4 VP.)

Aquí en Isaías 1-39 notamos un cambió de énfasis del patetismo como emoción al patetismo como acción, en el cual los imperios del mundo sirven como instrumento de la voluntad de Dios (5:26; 7:18-20; 9:10-12). Todavía el mensaje de destrucción contiene palabras de esperanza. Dios no deja atrás su misericordia: "a muy poco tiempo se acabará mi furor y mi enojo" (10:25); "el Señor... está ansioso por mostrarles su amor" (30:18 VP).

## *Jeremías*

Jeremías describe la tensión interna de Dios (Jer. 5:1-9; 28-29) y muestra que él también experimenta este patetismo (8:18; 9:2; 13:15-17). Jeremías ha experimentado el patetismo de Dios. Aunque la gente no le da importancia a sus palabras, él no puede contenerlas (6:10-11). Aunque Jeremías se quejó de que sus palabras sólo le han producido insultos y burla, admite que la palabra de Dios en su interior "se convierte en un fuego que devora, que me cala hasta los huesos. Trato de contenerla, pero no puedo" (20:9 VP). Jeremías se siente poseído por la pasión. Lo más natural sería quedarse callado frente a la burla de la gente, pero su pasión no lo deja guardar silencio.

Jeremías amaba a su pueblo y rogaba delante de Dios por él (14:19-20), pero a la vez la desobediencia de su pueblo le trajo angustia; también sintió angustia por la destrucción que venía (4.19-21; 13:15-17). La destrucción vino, Jerusalén cayó, pero esto no pasó sin que Jeremías llevase palabras de la promesa de amor de Dios y la restauración de su pueblo.

## *Miqueas*

Miqueas habló fuertemente contra las injusticias. Especialmente criticó a los líderes de su época (Mi. 3). Era del campo (1:1) y se identificó con las preocupaciones de los campesinos (2:2). Además, una gran cosa que nos enseña Miqueas es cómo aceptar y soportar el enojo de Dios. Reconoció que ellos habían pecado contra Dios y que Dios tenía razón para estar enojado. No obstante, Miqueas también comprendió que Dios no los abandonaría para siempre. "Su ira pasa, pero Su fidelidad perdura eternamente. Hay compasión en Su ira; cuando caemos, volvemos a levantarnos. Oscuro no significa fúnebre. Cuando nos sentamos en la oscuridad, Dios es nuestra luz" (7:1-9).[27]

## *Habacuc*

Habacuc es mi profeta favorito, probablemente porque me identifico con él más que con los otros. Cuando empieza el libro parece que Habacuc habla de su propio patetismo. Como a los profetas, la injusticia le molesta, pero él demanda que Dios haga algo (1:2-4). Los otros profetas han rogado a Dios para refrenar su acción o han lamentado la inevitabilidad de su acción. La respuesta de Dios (2:5-11) no es la que Habacuc esperaba, y esto le trae más preguntas. Entonces declara que ahora va a pararse y esperar una respuesta, pero sí podemos ver los resultados de la visión en el

---

27   *Ibíd.*, p. 254.

profeta: ya no demanda la acción de Dios ni duda de la acción de Dios. "Habacuc percibe y acepta el misterio de la ira divina. Sabe que es un instrumento necesario para la redención. Humildemente ora 'En la ira recuerda la misericordia' (3:2)."[28]

> El profeta tiembla, pero también tiene el poder de esperar en el Señor. Sin embargo, la profundidad de su experiencia es mayor aún que la confianza y la fe. El profeta no se enfrenta con su fe. Enfrenta a Dios. Sentir al Dios viviente es experimentar bondad, sabiduría y belleza infinita. Tal sensación es una sensación de júbilo. El mundo puede ser lúgubre; la ira puede transformar los jardines en desiertos; sin embargo, el profeta "se regocijará en el Señor".[29]

Al principio del libro parece que Habacuc no entiende o no puede ver la amplitud del patetismo de Dios. Una persona así pide a Dios hacer más o se queja porque Dios es demasiado violento. Sin embargo, al final del libro, Habacuc, como los otros profetas ya citados, ve el mundo de una manera diferente, porque ve y entiende a Dios de una manera nueva.

**Reflexiones personales**

La obra de Heschel se llama *Los profetas*, pero pienso que he aprendido más sobre Dios al leerla. Probablemente esto no les molestaría ni a Heschel ni a los profetas. Como traté de mostrar, si uno entiende mejor a Dios, puede entender mejor a los profetas. Ahora voy a compartir unos pensamientos sobre tres cosas que he aprendido de los profetas y Heschel acerca de Dios, y voy a dejar unas preguntas sobre las implicaciones para nosotros en América Latina.

---

28 *Ibíd.*, p. 260.
29 *Ibíd.*, p. 260-261.

## Dios es amor

Para mí, el aspecto más significativo del trabajo de Heschel es su énfasis en que el Dios de la Biblia hebrea es un Dios de amor. Me ayudó a ver que la ira está dentro de su amor, en vez de pensar que está en conflicto con su amor.

Aunque hablamos mucho del amor de Dios, creo que no podemos dar por sentado que nosotros tenemos una imagen correcta de Dios. Por ejemplo, es muy común que las personas, aún los cristianos, viven con una imagen de un Dios castigador. Un Dios sentado en los cielos, con un garrote en las manos. Muchas personas tienen miedo que este Dios las castigue si se portan mal.

Hay cierta verdad bíblica en este pensamiento: el pecado sí tiene consecuencias negativas, y como vimos en este estudio, Dios castigó a Israel por andar fuera de su voluntad. Pero también vimos claramente que Dios es primeramente un Dios de amor, y que su castigo cabe dentro de su amor. Si no manejamos esta verdad de manera muy clara, vamos a caer en la práctica común de cualquier religión: el pensar que Dios responde sobre la base de nuestras obras. Si uno está bien, Dios está bien con uno; si uno está mal, Dios lo castiga o no le da cosas buenas. Ese no es el Dios de gracia en quien creemos. No es el Dios del Nuevo Testamento ni del Antiguo Testamento.

Voy a dar un ejemplo que tal vez nos ayude a reconocer que nosotros también necesitamos trabajar en esta área. Hace unos años en nuestro discipulado con alumnos de la Universidad Pedagógica Nacional de Honduras, una alumna nos contó de sus frustraciones. Ella estuvo muy ocupada en varias cosas: estudios, iglesia, trabajo, etc. Sentía que todo iba mal. En su iglesia una hermana le dijo: "Las cosas de su vida van mal porque Dios está castigándola por no tener su tiempo devocional regularmente".

¿Qué imagen de Dios tenía esa hermana? ¿Por qué es tan común tal imagen? ¿Cómo complicamos más este problema en la iglesia evangélica? ¿Cómo podemos ayudar a personas como ella, y cómo nos ayudamos a nosotros mismos, a tener una imagen más sana y correcta de Dios? ¿Cuáles serían los frutos de tener una imagen más sana de Dios?

*¿Un Dios de bosquejo?*

Heschel mostró en una forma clara que hemos tenido la tendencia de seguir más los pensamientos de los filósofos griegos que la Biblia en lo que atañe a la emoción de Dios. No es cuestión de decir que Dios es inmutable y dejarlo así. Dios es inmutable, pero no podemos encajarlo en un bosquejo que describa sus características. Él es más grande que nuestra lista de sus características. No podemos entender ni describir cabalmente al Dios que dice que su nombre es "YO SOY EL QUE SOY" (Ex. 3:14)

Heschel nos llama a ver al Dios bíblico que no es un dios griego. Debemos reflexionar sobre cómo la Biblia presenta a Dios y sobre cómo nosotros, por la influencia del pensamiento europeo, presentamos a Dios. Tenemos libros de doctrina cristiana con bosquejos bien desarrollados que de manera muy racional y lineal nos dicen cómo es Dios. Pero no encontramos esos bosquejos y listas de características en la Biblia. Ella nos da a conocer a Dios por la historia de su relación con personas, en estilo narrativo, y no una lista de definiciones.

Esto no es decir que la información que se encuentra en nuestros libros de doctrina sistemática está equivocada, ni que no debemos usarlas. Sin embargo, debemos reconocer que la forma afecta la manera en que uno entiende la misma información. Uno va a salir con un concepto diferente de Dios si está más basado en un bosquejo que en la historia narrativa del Antiguo Testamento y del Nuevo Testamento.

En general preferimos tener la seguridad que nos da una lista de características con definiciones racionales. El Dios de las narraciones de la Biblia no siempre es tan fácil de entender. Si tomamos el desafío de leer la Biblia y observar a éste Dios, como lo ha hecho Heschel, vamos a notar que es un Dios que no podemos explicar ni controlar con un bosquejo. Esto puede producir inseguridad, pero también (si leemos la Biblia como Heschel) seguridad, no porque podemos explicar ni entender todo lo que Dios hace, pero sí porque podemos ver que es un Dios de amor en quien podemos confiar.

Ahora, ¿por qué escogió Dios usar más el estilo narrativo en la Biblia? ¿Cómo afecta la forma narrativa y la forma sistémica el mensaje sobre quién es Dios? ¿Cómo se relaciona la metodología educativa de las escuelas y de los colegio, en general, con la metodología que utilizamos para presentar la información de Dios? ¿Qué debemos cambiar?

### *Justicia: ¿balanza o impetuoso arroyo?*

La manera en que Heschel explica la justicia de Dios, descrita por Amós como la aguas de un impetuoso arroyo (5:24), en contraste con el símbolo común de la justicia, la balanza, enriqueció mi entendimiento de este concepto. La balanza comunica la idea de precisión, congruencia y calma. Uno no está tan seguro de lo que significa el símbolo de un impetuoso arroyo. "Parece combinar varias ideas: un movimiento emergente, una sustancia que produce la vida, un poder dominante."[30] La balanza comunica que la justicia es un principio, un ideal que debe cumplirse pero que tal vez no se cumple. "Para los profetas, la justicia es más que una idea o una norma: la justicia cuenta con la omnipotencia de Dios. ¡Lo que debe ser, será!"[31]

"La preocupación de Dios por el mundo nace de Su compasión por el hombre. Los profetas no hablan de una relación divina con un principio o idea absoluta llamada justicia."[32] Cuando Caín mató a su hermano, Dios no dijo: "Has violado la ley". No.

---

30 Heschel, vol. II, p. 99.
31 *Ibíd.*, p. 100.
32 *Ibíd.*, pp. 105-106.

Dios dijo: "¿Qué has hecho? La voz de la sangre de tu hermano clama a mí desde la tierra" (Gn. 4:10).

¿Qué significa eso para nosotros en América Latina? El hecho de que la justicia de Dios es diferente de la justicia de las leyes no significa que no debemos apoyar la justicia de la balanza. Falta mucho para que podamos decir que están cumpliéndose cabalmente las leyes escritas. Debemos trabajar y orar para que se cumplan las leyes de la balanza. Pero cualquier ciudadano que reconoce la importancia de la justicia legal debe acatarla para sí mismo. La observación de Heschel sobre la justicia de Dios es un desafío para nosotros. Si estoy trabajando, tratando de rectificar cosas injustas, ¿lo hago porque siento y comparto algo del patetismo de Dios? Si no me siento tocado por el sufrimiento de mis vecinos, ¿por qué no? ¡Dios sí se siente conmovido!

Este estudio no pretende explorar ni decir lo que uno debe hacer para rectificar situaciones injustas o para responder al sufrimiento de muchos latinoamericanos hoy. Cada cristiano y cada iglesia tienen que decidir cuáles serán las acciones más apropiadas para ello. Pero la pregunta fundamental que este estudio nos plantea es: ¿estamos conmovidos por la situación como nuestro Dios está conmovido?

Los profetas nos mostraron que Dios sí está conmovido por la opresión de los pobres. Como dice Heschel, para Dios esto es un desastre. ¿Siento yo lo mismo? ¿Cómo nos sentimos frente a las muchas personas que hoy están sin trabajo o frente a los muchos que trabajan duro pero con lo que ganan no pueden cubrir aún necesidades básicas? ¿Qué sentimos respecto a las personas que cada día esperan en las filas en los hospitales, sufriendo dolores físicos, emocionales y económicos?

Sin embargo, no basta tomar conciencia de los problemas sociales, los problemas de muchos, ni reflexionar sobre ellos, como estoy haciéndolo. Necesitamos preguntarnos: ¿Qué conocemos de los problemas de nuestros vecinos? ¿Conocemos a la gente más pobre de nuestra propia iglesia como para saber qué opresión soportan?

Hemos visto que los profetas se identifican con la gente. Para identificarse con la gente tenían que conocerla. Para compartir el patetismo de Dios tenemos que conocer a ese Dios de amor. El desafío más grande que me deja la obra de Heschel es dar pasos nuevos para conocer y comprender más a nuestro Dios de amor y los sufrimientos de mis hermanos y amigos.

# 11

# ¿Dios de ira o Dios de amor?
## Parte 2: El "sí" y el "no" de Dios

Es común ver la justicia de Dios y el amor de Dios como características distintas que están en tensión. Hay días que gana uno y hay días que gana el otro. De manera similar algunas personas hablan del Dios del Antiguo Testamento como el Dios de ira, y del Dios del Nuevo Testamento como el Dios de Amor.

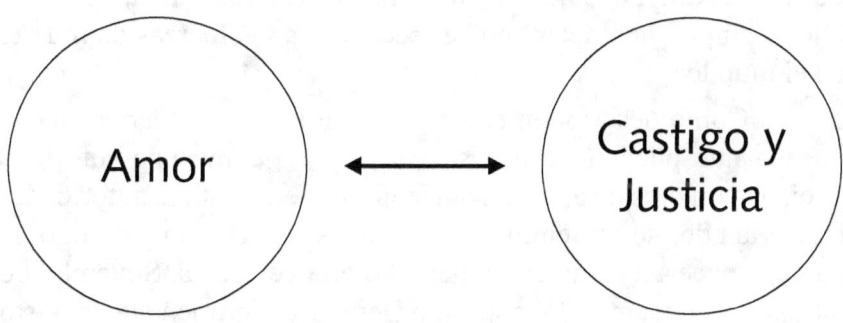

Una de las observaciones importantes que aprendimos de los profetas en el capítulo anterior, es que Dios es primeramente un Dios de amor y que su castigo cabe dentro de su amor. Su ira no es un estado o característica constante, sino su ira es una reacción a situaciones de pecado e injusticia. Entonces en vez de pensar en el amor y la justicia como dos círculos separados y en tensión, es mejor imaginarlos como un círculo dentro del otro.

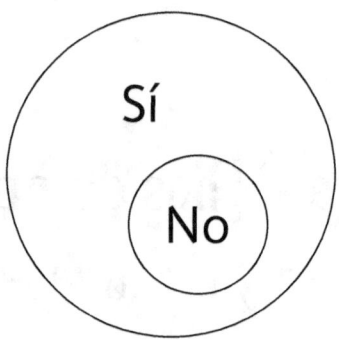

Estos dibujos me ayudan mucho a conceptualizar de manera diferente la ira y el castigo de Dios. Sin embargo la palabra "ira" es tan fuerte, y tiene connotaciones tan negativas hoy en día, que es difícil pensar en la ira como parte del amor de Dios. Tenemos que tratar de hacerlo porque es una palabra bíblica. Pero también podemos usar otras palabras cuando hablamos de estos temas. Por eso en el segundo diagrama uso las palabras "sí" y "no". El "sí" de Dios, el amor de Dios, incluye el "no" de Dios, su ira. Por amor Dios siempre va a decir "no" al pecado y a las fuerzas de muerte en el mundo.

Como describí en el primer capítulo, hay experiencias en la vida que pueden llevarnos a ver a Dios como una autoridad enojada con ojos de acusación. Hemos experimentado autoridades en la vida donde no sentimos nada del "sí". Su enojo y castigo no parecen nacer del amor, sino del odio o la venganza. Sin embargo también conocemos lo opuesto. Hemos experimentado o visto padres y madres que corrigen a sus hijos por amor. Entonces cuando pensamos en el "no" de Dios pensemos en un buen padre. Un buen padre disciplina y castiga. Si un niño está haciendo algo peligroso y sigue haciéndolo no sería un acto de amor decir "está bien haz lo que quieras". Por amor un buen padre va decir "¡no!". Y si el niño sigue, el padre va a tomar las medidas necesarias para cambiar su comportamiento. Si un problema es ver la justicia de Dios por el lente de las experiencias con autoridades enojadas, otro problema es verlo por el lente de la justicia abstracta de nuestros sistemas legales. Como explique en el capítulo nueve, el concepto de justicia de los hebreos que encontramos en la Biblia no es así. Es una justicia para rectificar. No solo es decir "usted es culpable y su pena es...", sino que es decir "usted es culpable y esto es lo que vamos a hacer para rectificar tal situación". Vamos a reparar y restaurar lo que ha sido dañado, incluyendo las relaciones. La meta del "no" de Dios no solo es cumplir con una ley que dice que tiene que castigar, sino que es un "no" que busca reparar y restaurar.

Ahora regresemos al asunto del lenguaje. Hay muchos textos en la Biblia que no nos llevan a pensar en un buen padre o madre porque usan palabras que muchos de nosotros hemos asociado no con amor sino con enojo y violencia. En vez de ignorar esos textos mejor es tratar de verlos con otros lentes, y así entender que tal vez comunican algo muy diferente de lo que normalmente pensamos muchos de nosotros. Lo invito a hacer una actividad que va a ayudarle a ver unos textos por el lente del "no" como parte del "sí" de Dios.

Primero piense en alguien que le ha confrontado para decirle que estaba haciendo algo malo o equivocado, algo que estaba dañándolo a usted y a otros, pero la persona no lo regañó. La persona no lo atacó como persona, sino que le mostró su error. Aunque dolieron sus palabras, y usted sintió algo de vergüenza, sentía también que la persona lo hizo por su bien. Segundo piense en una persona que lo confrontó y lo regañó, lo atacó como persona y le hizo sentir mucha vergüenza.

Ahora los invito a leer tres pasajes. Lea cada texto dos veces. La primera vez que lo lea piense en la persona que lo atacaba y lo regañaba. La segunda vez que lo lea piense en la persona que lo confrontaba por amor. ¿Qué diferencias observa en las dos lecturas de cada texto?

> *Hebreos 4:12*

> *Hebreos 12:28-29*

> *1 Corintios 3:10-15*

La espada en manos de la persona regañándole es un instrumento muy diferente que la espada de una persona confrontándolo por amor. El fuego, o la espada, siempre van a causar dolor pero la experiencia de dolor va ser muy diferente dependiendo del propósito. La quimioterapia duele pero es para el bien del cuerpo entero, es pro-vida. El castigo de Dios también duele y también es pro-vida.

Vemos ese "no" como parte del "sí" de Dios, no solo en textos como los de arriba, también en la vida de Jesús. Hay muchos ejemplos de Jesús demostrando misericordia y aceptación a los excluidos y oprimidos de su tiempo. Pero también hay ejemplos de Jesús confrontando personas, inclusive a sus discípulos. Aunque Jesús menciona palabras negativas sobre las acciones o pensamientos de esas personas, su "no" nace del amor para con ellas, y del amor para con otros que están sufriendo por las acciones de esas personas.

Mucho del juicio y castigo de Dios en la Biblia es consecuente. Dios deja a las personas sufrir las consecuencias de sus acciones. Dios los entrega a cosechar lo que han sembrado (Pr. 22:8; Jer. 5:9; Ro. 1). También hay ejemplos de juicio activo cuando Dios toma acción respondiendo al pecado de personas o naciones. Muchas veces esa acción es respuesta al clamor de los que están oprimidos por las acciones injustas de otros. Dios actúa por amor y, como dije arriba, para rectificar la situación. Su amor y su justicia van unidos.

La imagen de un Dios activo que expresa ira y actúa es problemático para algunos, pero un Dios inactivo y pasivo sería problemático también. Un Dios no indignado por el mal en el mundo sería un cómplice del mal. Si Dios no se molestara por la injusticia en el mundo no merecería nuestra adoración y alabanzas. Los oprimidos ruegan a Dios por justicia.

Al tocar el tema del juicio de Dios naturalmente nos lleva también a pensar en el infierno. Es un tema que merece todo un libro. Solo voy a hacer unos comentarios breves. Hay algunos que están seguros que no hay un infierno porque Dios es un Dios de amor. Pero además del hecho de que hay varios textos bíblicos que hablan del infierno, existen problemas lógicos con esa postura. ¿Qué pasa si hay personas que no quieren estar en los "cielos" con Dios? ¿Dios va a llevarles a los "cielos" por la fuerza? ¿Sería amor o coerción? Y necesitamos tomar en serio que si va a haber un mundo de paz (*shalom*), de verdad y de justicia, la maldad tiene que ser separada del bien. Como escribe el teólogo croata Miroslav Volf:

> No podemos rehuir de la desagradable y profundamente trágica posibilidad que van a ser humanos, creados a la imagen de Dios, quienes, por su práctica de maldad, se han inmunizado a sí mismos de todo intento de redención... Dios va a hacer juicio, no porque Dios da a las personas lo que se merecen, sino porque unos van a rehusarse a recibir lo que nadie merece; si los que hacen maldad experimentan el terror de Dios, no será porque le han hecho alguna maldad sino porque han resistido

al final la atracción poderosa de los brazos abiertos del Mesías crucificado.[1]

Si hay algunos que están seguros de que no hay infierno, hay otros que no solo están seguros que hay un infierno, sino que también tienen todo un conocimiento de cómo funciona. Ellos saben quiénes van a estar allí y quienes no y por qué. Tengo palabras de precaución para este grupo también. Aunque la Biblia sí habla del infierno, hay menos claridad en la Biblia sobre este que en los conceptos que comúnmente se pretenden desde esta perspectiva. Tanto como las personas del grupo que descree de su existencia necesitan tomar en serio lo que dice la Biblia, también las personas en este último grupo necesitan reconocer lo que la Biblia dice y "no dice" sobre este tema, y reconocer que hay mucho en relación al infierno o *hades* que no sabemos con certeza.[2]

Para la mayoría de las personas su concepto del infierno está hoy basado más en la literatura como la de Dante o John Milton, así como en películas contemporáneas. ¿Cuán diferente sería el concepto común del infierno si las personas leyeran la Biblia, por ejemplo con los lentes del infierno imaginado por de C.S. Lewis en su libro *El gran divorcio,* en vez de leerlo con los lentes de los guiones cinematográficos modernos?[3] No digo esto porque la novela de Lewis presente el concepto verdadero. Lewis mismo diría que es una posible interpretación; hay otras interpretaciones y no podemos estar seguros. Menciono el libro porque quiero enfatizar el poder de las imágenes del infierno que tenemos en mente cuando leemos la Biblia. Y sugiero el libro porque creo que las ideas de Lewis valen la pena ser consideradas, y puede, al menos, ayudar el lector a conocer otra posible interpretación.

---

[1] Miroslav Volf, *Exclusion and Embrace: A Theological Exploration of Identity, Otherness, and Reconciliation*, Abingdon Press, Nashville, 1996, p. 297.
[2] Un buen libro que le ayuda al lector a comprender el tema de Apocalipsis es: Vernard Eller, *El Apocalipsis: El libro más revelador de la Biblia*, CLARA/Semilla, Bogotá-Guatemala 1991.
[3] C. S. Lewis, *El gran divorcio: un sueño*, Rayo, New York, 2006.

Una buena actividad para todos, en relación a este tema, es leer todos los textos donde Jesús habla del infierno (o usa terminología relacionada) y reflexionar sobre: ¿A quién dirigía sus palabras? ¿Por qué Jesús habla del infierno en cada una de esas situaciones? ¿Cuál es su propósito? También podríamos observar a aquellos grupos e individuos a quienes Jesús no menciona el infierno. ¿Qué significan estas repuestas para nosotros hoy, sobre como hablamos del infierno, a quiénes, cuándo y por qué?

Como dije en el capítulo anterior el tema de la ira y la justicia de Dios requieren mucha más investigación y reflexión que estos breves capítulos. Espero que ellos hayan comunicado: primero, que si queremos corregir los conceptos erróneos de Dios es importante no solo hablar del "sí" de Dios, sino también del "no", y, segundo, que es importante ver el "no" de Dios como parte del "sí" de Dios. Aunque no he presentado un estudio completo espero que estos dos capítulos les hayan ayudado a concebir algunas cosas de diferente manera, y les hayan dado pistas para explorar más este tema importante.

Desafortunadamente muchos seres humanos han dejado que nuestras experiencias, y los sistemas de justicia de nuestras sociedades definan cómo es la ira y la justicia de Dios. Para terminar este capítulo, y el libro, les invito a reflexionar sobre las palabras de Dios en Isaías 55.

> "Porque mis pensamientos no son los de ustedes, ni sus caminos son los míos —afirma el *Señor*—. Mis caminos y mis pensamientos son más altos que los de ustedes; ¡más altos que los cielos sobre la tierra!" (55:8-9).

¿Y de qué estaba hablando Dios cuando dijo que sus pensamientos y caminos son tan diferentes a los de los humanos? Hablaba de su misericordia y perdón. Dios no opera de acuerdo con nuestra lógica, o conforme al cálculo humano de la justicia. Aunque no debemos negar o ignorar la realidad de la ira y el castigo de Dios, también necesitamos reconocer que Dios perdona en maneras escandalosas según los cálculos de justicia humana. La cruz nos recuerda eso. Dios perdonó lo peor que los humanos podrían haber hecho, y por la cruz Dios obró para vencer el mal y rectificar lo que era distorsionado y quebrantado. Es importante ver la justicia de Dios con la perspectiva de la cruz. Tenemos un Dios de amor.